生　活　探　索　家

海滩上的科学

【意】安德里亚·真蒂莱　著
王蕾蕾　译

海洋出版社
2018年·北京

图书在版编目(CIP)数据

海滩上的科学 / (意) 安德里亚 · 真蒂莱(Andrea Gentile) 著 ; 王蕾蕾译.
—北京 : 海洋出版社, 2018.7（生活探索家）
ISBN 978-7-5210-0068-9
Ⅰ. ①海… Ⅱ. ①安… ②王… Ⅲ. ①科学知识－普及读物 Ⅳ. ①Z228
中国版本图书馆CIP数据核字(2018)第061657号

海滩上的科学

著　　者 / 【意】安德里亚 · 真蒂莱
译　　者 / 王蕾蕾
策划编辑 / 项　翔
责任编辑 / 刘　玥
责任印制 / 赵麟苏

出　　版 / 海洋出版社
北京市海淀区大慧寺路8号
网　　址 / www.oceanpress.com.cn
发　　行 / 新华书店北京发行所经销
发行电话 / 010-62132549
邮购电话 / 010-68038093
印　　刷 / 北京朝阳印刷厂有限责任公司

版　　次 / 2018年7月第1版
印　　次 / 2018年7月第1次印刷
开　　本 / 787mm × 1092mm　1/32
字　　数 / 134.4千字
印　　张 / 6
书　　号 / 978-7-5210-0068-9
定　　价 / 39.80元

前　言

回想起儿时玩耍过的海滩，闪现在我脑海里的总是 20 世纪 90 年代在托斯卡纳海滨的那次沙滩城堡大赛。我从小就喜欢在沙子上挖水道、堆城堡，喜欢掬起大把被海水浸湿的泥沙，让其顺着指缝落下，把我的“大工程”装饰成各种模样。随着灵感不断涌出，我的城堡也堆出好几层高，结构也越来越复杂，可总也达不到自己期待的样子，不过倒是总能让我在烈日下的沙滩上忙活好几个小时。只可惜当时我还太小，容易被晒伤，所以就算是在鼻子和脸上都抹了防晒霜，更多的时间也只能待在太阳伞下看漫画，或者戴上泳镜潜到海里欣赏那迷人的水下世界，那里的声音和色彩与水上世界是那么不同。

这本书正是源自儿时这些美好的记忆，来自那遥远的沙滩，来自孩子们那无限的好奇心和旺盛的求知欲。孩子们总爱问为什么，既是为了打发时间，也是为了搞明白这个世界到底是什么样子的。幸运的是，我的父母都是从事科学工作的，他们的回答为我打开了一个有规律的按照因果关系运行的物理、医学、化学和生物学世界。日常生活的方方面面都隐藏着科学的奥秘，可是，人们总是在休假时才有时间和精力去探求这些秘密的原因，从而激发出我更多的好奇心。这本书正是为这诞生在海滩上的好奇心而作，为你打开通向神秘宇宙的一扇扇小窗。其实不必按部就班地从第一页读到最后一页，就让海浪做向导吧！正如海浪总有返回的一天，读者也可根据兴趣选择阅读顺序。出于实际的考虑，本书由四部分组成（物理学、化学、生物学与环境学），但每章都会涉及不同学科。

循着书中的内容，你可以在海滩上美美地过上一天。在物理学部分，刚刚抵达海边，你马上就跳进海里玩耍起来。这时，你会发现海浪和漂浮的奥秘，探知为什么人的感觉在水下是不同的，以及该如何躲避海流。上岸后，你还可以马上开始建造美妙的沙滩城堡。

过度日晒对人体是有害的，因此最好有太阳伞保护。坐在太阳伞下，涂好护肤品，你可以开始研究防晒霜的原理，琢磨贝壳是怎么形成的。我们会把海水放在显微镜下观察，弄明白海水为什么是咸的？它是否干净？如果不幸被水母蜇伤，我们还会给你一些建议。此外，我们还可以一起研究在海边是否真的可以通过呼吸补充碘元素。

简单的午饭后，别急着马上下水，可以学点生物学知识消磨时间：为什么皮肤经过一段时间的日晒会呈现完美的深棕色或黑色？为什么海水不能喝？终于等到能再次下海了，这次你可以潜得更深一些，去探索海洋深处的生活，而且在下潜过程中还会发现人的身体在海水中是如何改变的。

重新上岸后，等待你的将是环境学部分。沙滩是如何形成的？风暴中的沙滩会有何种改变？暴风雨后，你终于可以享受片刻的宁静，躺在沙滩上，仰望天空，认识一下那些飘过的云朵。傍晚即将来临，该离开海边了，这时，一定记得保护环境，不要留下垃圾。最后，当你回望大海时，也许会看到一颗美丽的流星划过，它会祝福你：阅读愉快！

目　录

物理学

化学

生物学

第十二章　为什么海水不能喝?

第十三章　饭后能马上下水游泳吗?

第十四章　关于晒黑的知识

第十五章　是谁漂浮在海里

第十六章　是谁生活在海底

第十七章　潜水时会发生什么

环境学

第十八章　海滩是如何形成的

第十九章　风与海陆清风

第二十章　认识云

第二十一章　暴风雨中的海洋

第二十二章　海滩上的垃圾

物理学

第一章 波浪

只要闭上眼睛，竖起耳朵，就能感知大海波浪的存在。它或缓缓地轻拍水面，或雷鸣般地倾泻而下，提醒着我们海滩是多么生机勃勃。可它到底从何而来？为什么有时候海水平静如镜，有时候却巨浪滚滚？答案正在鲍勃·迪伦的歌中“随风而逝”[①]。海洋持续运动的原因正在于风的作用。

波浪是如何形成的

如果海上无风，海面就会平静得如同暴雨过后的水潭。只要弯下腰，在水潭上方轻轻吹口气，水面便会荡起涟漪，细小的波纹会逐渐传向岸边。

在海上也是同理。波浪因其所携带的能量成为决定沙滩特性的最主要原因之一。海风通过与海水的摩擦将自身能量传递到海面之上，然后被从远海传递到岸边。远海的海面不是完全平静的，总有些小的涟漪。涟漪在风的作用下因能量增加而扩大。如果风势强劲

① (*Blowing in the wind*，美国歌星鲍勃·迪伦创作于 1964 年的歌曲。——译者注)

且持续时间长，就会有更多的能量被传递至水面，也就会产生更多的波浪叠加，从而形成大浪，向更远的地方传递。

在此过程中被传递的并非物质，而是能量，因为物质分子并没有发生移动。举个简单的例子：将双手平放在桌上，抬起右手，手指轻敲桌面的不同位置，此时左手会感觉到震动，这就是能量从右手手指的敲击点传递到了左手所处的位置上。类似的情况也发生在远海，当风吹动水面时，水分子在地球引力的作用下将向下完成圆形循环运动，之后又被带回原来的位置（见图 1）。这种运动逐渐蔓延，越向下运动强度越弱，而跟随风向移动的则是大气扰动形成的波浪。

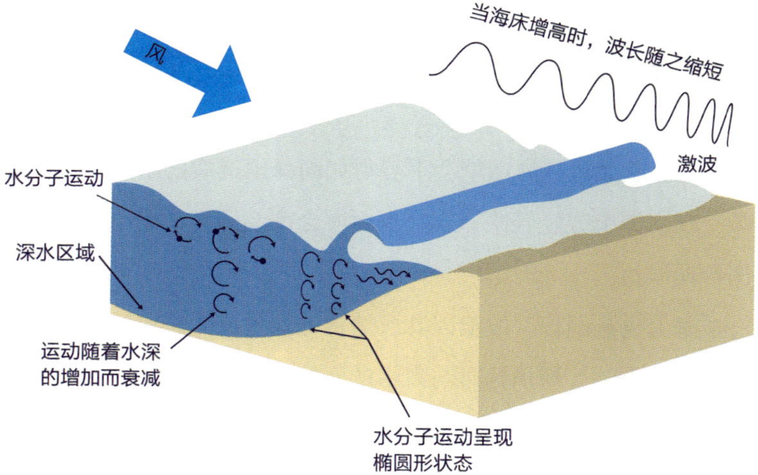

图1　波浪的形成及其浅化

波浪的特点

像其他波（如光波、声波）一样，海波也具备几个基本特点（见图 2）：高度、长度和周期。波高是指海浪波峰到波谷之间的垂直距离。在暴风雨发生时，地中海地区的波高甚至可以超过 8 米。两个海浪波峰或两个海浪波谷之间的水平距离则称为波长。海啸来临时的波长甚至可达几百千米。而周期则指波浪起伏一次所需的时间，相邻两波峰顶或两波谷底通过空间固定点所经历的时间间隔。

波浪的速度越快则周期越短，最快的用时不足 1 秒，而最慢的如潮汐周期则超过 12 个小时。

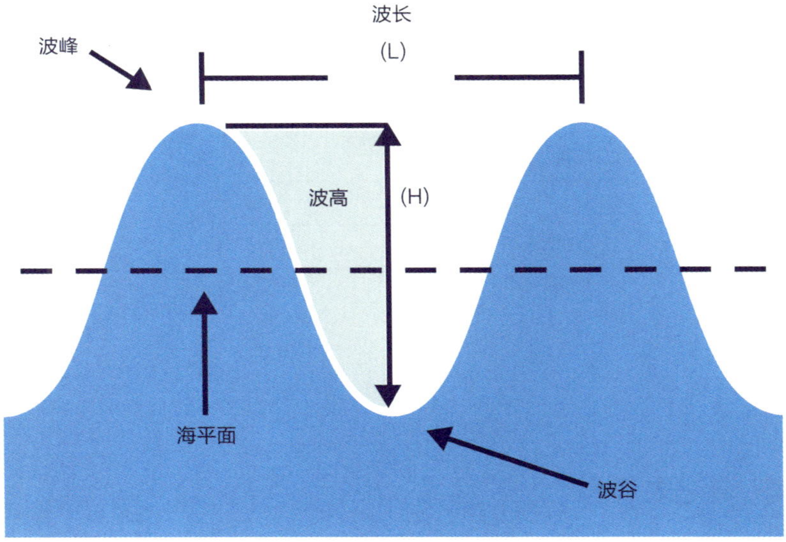

图2　波浪的特点

海浪的两种类型

大海一直处于运动中。我们仅凭肉眼就能区分出海浪的两种类型。在风的作用下，海面是悸动无序的，产生许多细小的波浪，此为风浪（见表 1）。风停后，由已经吹过去的风或远处的暴风雨制造出来的波浪，被称为涌浪（又称长浪，英文为 swell）。与风浪相比，涌浪的波长和周期都比较大。

风浪

浪级与海面状况	浪高范围
0　无浪	—
1　微浪	0～0.10米
2　小浪	0.10～0.50米
3　轻浪	0.50～1.25米
4　中浪	1.25～2.50米
5　大浪	2.50～4米
6　巨浪	4～6米
7　狂浪	6～9米
8　狂涛	9～14米
9　怒涛	超过14米

表1　道格拉斯海浪分级表

真是大浪啊

波浪大小是由什么要素决定的呢？正如前文所述，这首先取决于海面上风的强度和持续时间，但还有一个要素不能忽视，那就是：风区。风区是指受状态相同的风持续作用的海域范围。如果只是在一个方圆几百米的湖中，它的波浪不会很大。为了能让风掀起大浪，至少需要有数百千米的范围，风才可能达到一定的风速和量级，并且持续数小时或数天。

波浪的相互作用

现在我们了解了波浪是如何形成的，那么它们又是如何相互作用的呢？当那些由远处风暴形成的规模相当的波浪从各个方向涌来并在海上相遇时，又会发生什么呢？

这个时候，一个在物理学上被称为干涉现象的家伙就要“出场”了。当两个波浪相遇时，会相互影响产生新波浪。新波浪在某一点的波幅将等同于两个波浪在该点的波幅之和。

如果两个波浪的振幅同时为正或同时为负（即同时高于或同时低于海平面），则二者振幅叠加；如果其中一个为正，另一个为负，则二者振幅相消。让我们来举个例子：两个高度和周期完全相同的波浪（即两波的波峰或波谷同时抵达同一地点）相遇时，产生的新波浪的波高将是二者波高之和（此为相长干涉）；如果两波之一的波峰与另一波的波谷同时抵达同一地点，则两者的振幅会相互消减，产生的新波浪将会变得平稳（此为相消干涉）。

那么，此时产生的新波浪将会向哪个方向行进呢？为了搞明白这一点，只要应用平行四边形定理即可。在二者相遇点 X，我们分别用两个力的线段指示波浪的方位（线条）、方向（箭头）和速度（长度），并以此为基础画出一个平行四边形（见图 3），由此得出的对角线就代表合力后的新波浪的大小和方向。这一过程称为矢量合成。

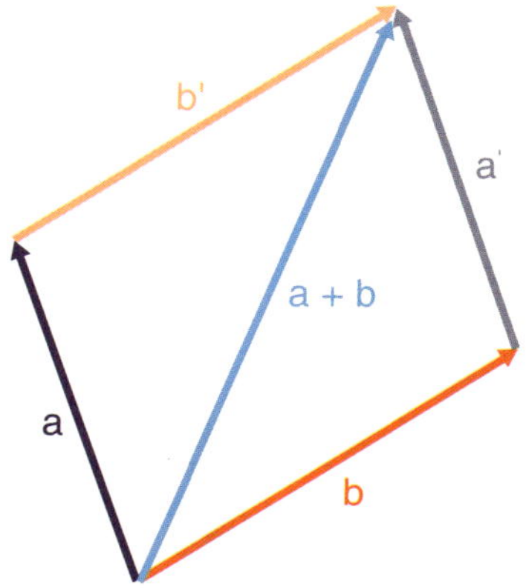

图3　两个矢量的合成

在波动过程中，有一些状态可以用物理学原理来解释。事实上，波浪也是可以发生反射、衍射和折射的。比如，当波浪在行进过程中遇到堤坝的阻碍就会发生反射，向后倒退（反射角等于入射角），但会因为摩擦的缘故损失部分能量。当波浪需要通过比其波长更窄的区域时，如港口入口处，将不会保持原有的方向，而是发生不同程度的弯散传播（此为衍射效应）。另外，波浪也会发生折射。当波浪靠近岸边时，因受到海床的影响其速度会减小，但与此同时波高则会增加（此过程称为浅化），直至最终解体。

波浪何时破碎

在凯瑟琳·毕格罗执导，帕特里克·斯韦兹和基努·里维斯主演的美国电影《惊爆点》中，真正的主角无疑是冲浪时遇到的“爆点”（*Point Break*）。冲浪者对此一定不陌生。爆点是指海浪突然与很浅的海床碰撞时发生爆裂的地方。下面我们就来解释一下波浪破碎的原因。我们说过，波浪裹挟着从风那里获取的能量，有时可以行进数千米直至岸边。从沙滩上观察大海时，你会发现海浪由远及近一直在变化：当海床升高时，波浪与海床间的摩擦增加，波浪的下半部分速度将有所减缓。当海床高度低于波长的一半时，波浪就会“感觉到”海床的存在，此时为了保存能量，波浪就会增高，但波长更短，直到某一点上，波浪的上半部分越过下半部分，发生破碎，同时将所携带的全部能量释放。通过这种方式，我们可以猜出某处的海床形态：如果发现波浪破碎四散，那一定是因为波浪遇到了障碍。你或许也在海边看到过这种情况：在多沙的海滩上，波浪通常在抵达浅滩前就已经破碎了。现在你应该明白是什么原因了吧。

它们是碎波

冲浪者在海浪里搏击驰骋的景象总能让人看得目瞪口呆，冲浪者从波浪中穿越的镜头更是引人尖叫。波浪破碎有不同类型，比如术语中经常提到碎波（breakers），每种类型都是壮观的，同时也是危险的（见图 4）。

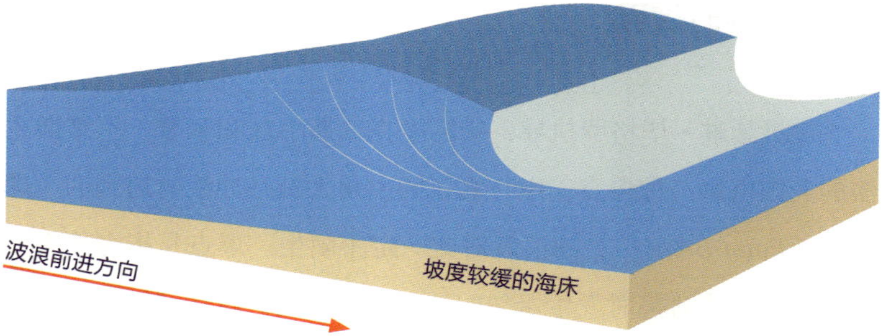

a) 溢出型碎波

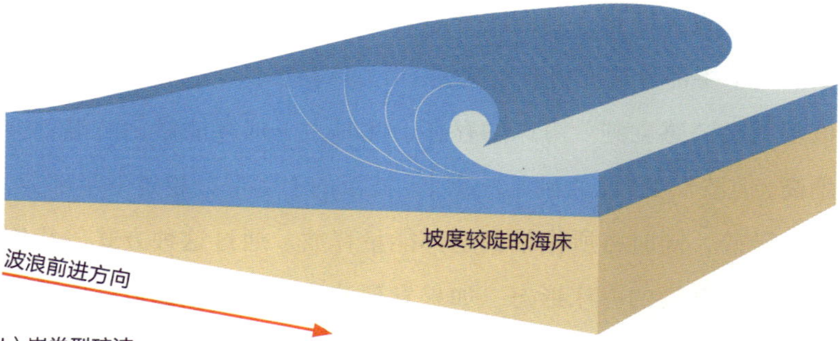

b) 崩卷型碎波

c) 崩塌型碎波

图4　碎波的类型

碎波通常可分为溢出型碎波（spilling breaker）、崩卷型碎波（plunging breaker）和崩塌型碎波（surging breaker）三种。溢出型碎波是指波浪遇到坡度较缓的海床后，将能量逐渐释放，在距离海岸很远的地方就开始破碎，同时制造出大量泡沫并将其传递至岸边。尽管这种类型的碎波有时也很大，且在抵达岸边之前可以碎裂多次，但对冲浪者而言，这种碎波应该是最容易征服的。崩卷型碎波是指波浪遇到较为陡峭的海床，如多沙的海滩或岩石海礁等，将能量瞬间释放，波浪下部的速度瞬间放缓，上部迅速抬升，发生卷曲，从而形成一个有空气流通的管状通道。这种碎波十分危险，只有技术高超的冲浪者可以脚踩冲浪板从通道中全身而退。崩塌型碎波是指波浪遇到非常陡峭的海床，波浪沿着海底倾斜面爬升，直至在岸边破碎，将能量全部释放。由于气流推动海水不断冲击海床，这种碎波非常危险，就算看起来规模不大，其威力也足以将一个成人轻松掀翻。

月亮、太阳与潮汐

天体对波浪同样产生影响。当然，我们说的并不是星相学，而是潮汐现象。事实上，海洋受到月亮和太阳这两大主要天体的引力。如果去过法国诺曼底附近的圣米歇尔山，你就一定看到过那壮观的自然景象：退潮时，这里被沙滩和沟壑所环绕；涨潮时，这里迅速被海浪包围从而变为孤岛，只能通过一条专门修建的公路与陆地相连。在圣米歇尔山，最高潮与最低潮时海平面的落差高达 14 米。

那么，太阳和月亮是通过什么方式引发潮汐的呢？这其中的奥秘就在于地心引力。当太阳和月亮从海洋上方经过时，我们所在的

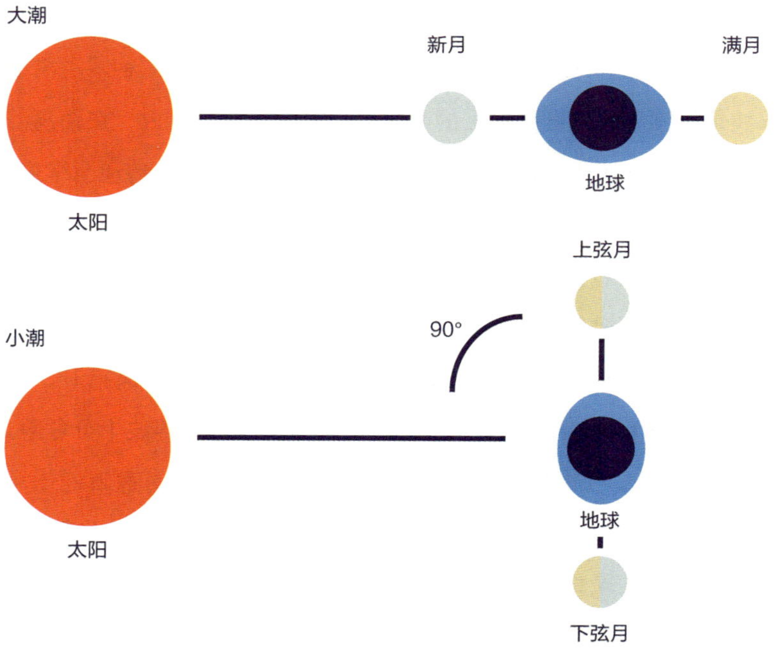

图5　潮汐

地球对其产生引力，形成水面隆起，与此同时，由于地球自转产生的离心力作用，在地球相反方向的同样地点也会形成水面隆起。尽管太阳距离地球较远，对地球的作用力较小，但道理是一样的（见图 5）。天体之间的相互作用会扩大（大潮或朔望大潮）或减少（小潮）潮汐效应。在大潮发生时，最高潮和最低潮之间的距离达到最大；在小潮发生时，最高潮和最低潮之间的距离则达到最小。在一个朔望月内，即两次满月之间的 29 天内，通常会发生两次大潮和两次小潮，也就是说每隔 7 天就会发生一次潮汐现象。

潮汐也可以被看做一个波浪。涨潮时是波浪的波峰，退潮时则是波浪的波谷。但与其他波浪不同的是，其周期非常长，通常为

12 小时 25 分（根据海滨构造不同而变化）。一般来说，由于地球自转和月球围绕地球公转的原因，潮汐在一地通常为一日两次，而且发生的时间并不固定，每天要推后 50 分钟。

海啸

“海啸”一词源于日语，原意为“港边的波浪”，指海浪对海岸地区的强破坏现象。2004 年 12 月 26 日的印度洋海啸给泰国和印度尼西亚带来了重创，造成 30 万人死亡。2011 年 3 月 11 日，日本地震引发的海啸甚至波及了福岛核电站的安全。

海啸是怎么形成的呢？它通常是由海底地震、水下滑坡、火山爆发或陨星撞击产生的破坏性海浪对陆地发生碰撞后产生的。此时，波浪携带的能量作用于海平面之上，并瞬间释放。这种波浪可以以 1000 千米每小时的速度行进数千千米，其波长可达 100 多千米。当其靠近岸边时，波浪与海床相互作用，在速度和波长下降的同时波高迅速抬升。此时海水迅猛后退，其景象仿佛突然发生退潮一般，然后又突然回转，冲上岸边。那么，历史上有记载的最大规模的海啸发生在什么时候呢？ 1959 年，在美国阿拉斯加的利图亚湾，一场地震造成该湾的南岸山体滑坡，大量固体倾泻入海，产生了巨浪，海浪高达 500 多米。

意大利处在地震多发地，因此发生海啸的概率也是很高的。根据意大利国家地球物理与火山学研究所提供的数据，自公元 79 年维苏威火山爆发以来，意大利沿海地区总共发生过 72 次海啸。虽然大部分海啸的强度不大，但仍旧是颇具破坏性的。其中最著名的要数发生在 1908 年的墨西拿海啸。那次海啸掀起了高达 12 米的巨浪，对西西里海峡和卡拉布里亚沿海地区形成了重创，死亡人数超过 10 万。除墨西拿海峡之外，西西里岛东部沿海、卡拉布里亚、加尔加诺和利古里亚等地的沿海地区都是海啸高危地区，另外马尔凯和罗马涅的沿海地区也有发生小规模海啸的可能。

第二章
我们为什么能漂浮？又为什么会下沉？

当小朋友第一次抛开救生圈或浮板下水的时候，最害怕的就是下沉。幸好，锡拉库萨人阿基米德早在公元前 3 世纪就发现了浮力的秘密。据说当时他正在洗澡，偶然发现了浮力原理，高兴得来不及穿上裤子，连忙跑到街上，大喊“Eureka（我找到了）！”他的发现不仅解释了我们为什么能够漂浮，还能帮助我们建造更稳定的船舶，甚至与飘在天空中的气球和热气球都有关联。

“我找到了！”浮起来了！

阿基米德的解释非常清楚：“当身体部分或全部浸在水中时，会自下而上受到垂直的推力，力量的大小与排开的水的重量相同。”

这种推力称为流体静力学。该学科可以用于研究水及其他各种液体，甚至气体。为了更好地理解这种作用力，你可以先试着在沙滩上抱起一个朋友，感觉一下他的重量。当然，如果这个朋友体重过轻的话，效果就不明显了。然后站在海水里重复同样的动作，你立刻会感觉到重量的变化。这就是阿基米德浮力定律所描述的作用。

如果解释得更详细一些，人体像所有物体一样，因其自身重量和地球引力的影响，总是受到一个向下的力的作用。当人体浸入到水中时，这种向下的力被阿基米德浮力所抵消（被抵消的重量与被排开的水的重量相等）。

不过，浮力还有一个关键点，那就是密度。若物体的密度小于水的密度，则物体总是漂浮；若物体的密度大于水的密度，则物体会下沉。

原因很简单，只要用一点数学知识就可以解释了。首先，让我们把身体浸入水中。

如前文所讲，物体浮力等于物体下沉时排开液体所受的重力。如果我们用F_A代表浮力，g代表重力与质量的比值（即重力加速度），m_L代表物体密度，d_L代表液体密度，V_{Imm}代表排开液体的体积，那么我们可以得出下面的公式：

$$F_A = m_L \cdot g = d_L \cdot V_{Imm} \cdot g$$

我们还知道，作用于人体的重力F_P，等于人体本身的质量m_C（即密度d_C乘以体积V_C）乘以重力加速度，即：

$$F_P = m_C \cdot g = d_C \cdot V_C \cdot g$$

只有当作用于人体的重力等于人体受到的浮力时，人体才会悬浮。鉴于排开液体的体积等同于浸入水中的人体体积，重力加速度也是一致的，那么剩下的唯一变数就是密度了。如果物体的平均密度低于液体密度，物体将上浮；如果物体的平均密度高于液体密度，那么物体将下沉；如果二者相同，物体将保持不动。

这说明，即便两种物质的重量相同，它们在液体中的表现也有可能是完全不一样的。比如一块重量为 1 千克的干木块，在水中漂浮毫无问题，而同样重 1 千克的铁块则会迅速下沉。这是因为木头的密度（0.75 克每立方厘米）小于水的密度（通常计为 1 克每立方厘米），而铁的密度（7.96 克每立方厘米）则远远高于水的密度。再举一个例子，水在浸入橄榄油后就会下沉，那是因为水的密度要高于油的密度（0.92 克每立方厘米）。

为什么我们能浮起来?

人体的平均密度与水的密度大致相当。人体其实主要是由水分子构成的，而存储在肺部的空气是造成人体密度与水密度稍有不同的原因。人体呼吸的空气密度约为 1 200 克每立方米，故而拉低了人体体积与质量之间的比率。举个简单的例子：在海边的时候，你试着深吸一口气，然后憋住气扎进水里。当你整个人在水面之下时，将这口气全部呼出，你会发现自己很容易就能继续留在水下。因为这时肺部存储的空气较少，身体的密度增加了，大于水的密度，所以会保持下沉状态。不过，并不是每个人都能以同样的状态浮在水面的，还要受到其他因素的影响。

其中一个重要因素很容易猜到，那就是肺活量。肺部容纳空气的能力越强，人体在水中浮起来就越容易。另外一个因素是人体中的脂肪含量。由于脂肪的密度要小于肌肉组织和骨骼，因此一个脂肪多的胖子与肌肉发达的人相比，受到的浮力更大，而肌肉发达的人则比瘦骨嶙峋的人更容易浮起来。

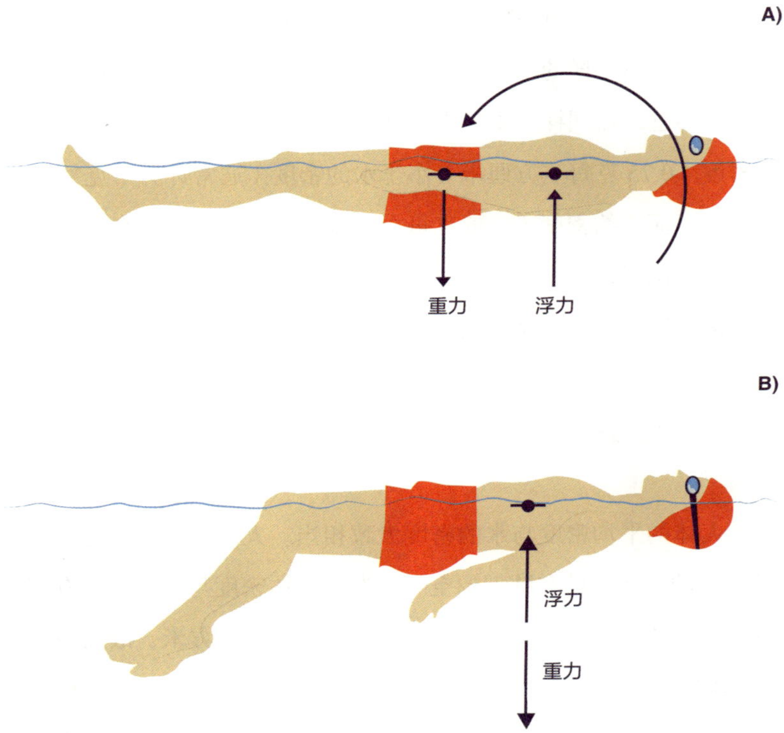

图6　阿基米德浮力与漂浮

漂浮的秘密

人体一入水，就会同时受到浮力和重力两股力量的作用。这两股力量并不作用在同一点上：浮力作用于人体重心，而重力则作用于稳心。简单来说，就是这两股力集中在两个独立的点上。人在横躺时，重心和稳心并不重合。事实上，由于人体的下半部分重量更大，因此重力的向下作用主要集中在骨盆中心点上。而浮力的向上作用则集中在躯干部位，也就是人体组织的密度相对较小的位置。

由于两种力的作用点不一致，人在水中就会骨盆向下，躯干向上，身体倾斜（见图 6）。那么，怎样才能找到最完美的姿态呢？其实只要一个简单的技巧就能让重心和稳心重合，那就是稍稍屈膝，将双腿浸入水下。这样，人体重心就会靠近浮力作用的中心点，两股力量将作用于同一点之上，身体自然就变得平稳了。

咸水与淡水

大海和湖泊相比，哪里的浮力更大呢？这要取决于水的密度。如果是淡水，其平均密度为 1 克每立方厘米，如果是咸水，其平均密度为 1.025 克每立方厘米。水的密度越高，其浮力自然也就越大，因此在海水中的浮力更强。死海的含盐量为 33.7%，水的密度更是高达 1.24 克每立方厘米，因此在水中人可以轻松仰卧。

阿基米德的气球

阿基米德原理同样可以用于解释气体，因此他的发现也与气球、热气球相关。最受孩子们喜爱的气球里充满了氦气，其密度为 0.179 千克每立方米，远低于大气的密度（1.2 千克每立方米）。气球所受到的向上的浮力作用可以很大，甚至可以让其成为运输工具，这也就解释了热气球的原理。热气球内的空气加热后膨胀，密度减小，由此产生的浮力推动热气球上浮。

为什么船会浮起来？

看到船只在大海里乘风破浪前进时，你一定会问“船是怎么浮起来的”，这里同样可以用阿基米德原理来解释。我们知道，如果一个物体可以浮在海面上，它的密度一定是低于海水密度的。但船舶都是由密度很高的金属制造而成的，怎么可能比海水的密度低呢？在这种情况下，我们在计算船舶密度时还要将船体内的空气考虑在内。由于船体内可容纳空气的空间很大，因此减小了整个船体的密度，使其小于海水密度，因此船就可以漂浮在海面上了。

完美的沙滩城堡

沙滩城堡是真正的雕塑艺术品，不仅需要创造力，更需要丰富的经验。小孩子们喜欢在沙滩上忙活好几个小时建造一个沙堡，也许只是为了在最后推倒它时得到的那份快感。不过也有不少人钟情于此，并将其变成一门艺术。在世界各地举办的沙雕大赛是这些人展示能力的舞台，如美国的圣迭戈、意大利的耶索洛、加拿大的温哥华等地。在创作作品时，这些沙滩城堡的建造者最离不开的应该就是物理学了。

创作沙雕的原料有两个：细沙和水。沙子在干燥状态下很容易散落，但在湿润状态下将会变得紧实。这是为什么呢？因为水在沙粒之间建起了“桥梁”，将其黏合在一起。这种现象被称为液体的表面张力。我们喜欢用肥皂水吹出的泡泡也是同理：由于液体表面张力的作用，被吹出来的液体分子相互之间会形成非常好的附着，从而形成一个泡泡停留在吸管口上。不过，在建造沙滩城堡时，如果用的水过多，液体就会整个包裹在沙粒上，此时原本沙粒之间的“桥梁”就坍塌了。

因此，这里的关键问题就是到底在沙子中添加多少水才能获得最佳黏合度呢？有一组来自伊朗、荷兰和法国的研究人员专门致力于该项研究。他们带上小铲，提上小桶，亲自在沙滩上做了多次实验，并将获得的成果刊登在了《科学报道》（*Scientific Reports*）杂志上。根据他们的实验，为获得结构最为稳定的沙滩城堡，在沙子中添加的水量不得超过沙量的1%。研究员们在沙滩上亲手进行了多次实验，最终成功地建成了一个基座直径20厘米、高度2.5米的圆柱体。值得注意的是，若要保持结构稳定，还要考虑到基座与高度之间的关系，因为过高的沙雕会因为其自身重量过大而坍塌。总之，等你下次再有机会去海边玩的时候，就知道该怎样创造出完美的沙滩城堡了。

这些致力于研究沙滩城堡的物理学家们还在实验中使用疏水沙（一种不溶于水的物质）成功建造了一座水下沙堡。试想一下，那景象该是多么的神奇和壮观！在水下，由于浮力作用，整个沙堡的重量也减小了。在这种情况下，连接沙粒之间的“桥梁”不再是水，而是空气。

第三章
冲浪板的物理学原理

在你的印象中，一个优秀的冲浪者会是什么样子呢？完美的平衡，漂亮的冲浪板，强健的身体，劈波斩浪的快感……一个高水平的冲浪者，不仅需要有好身体，更要有聪明的头脑和得心应手的工具。那么，科学家是怎么看待这个问题的呢？

站在冲浪板上

海浪所处的区域和海床类型是产生何种波浪的重要因素。一个好的冲浪者不仅要懂得选择合适的冲浪地点，更重要的是要了解通过协调哪些力量才能控制好冲浪板。这里遇到的第一个问题是：冲浪板为什么能漂浮在海上？聪明的朋友肯定能立刻给出答案：因为冲浪板的密度小于海水密度，这用阿基米德的浮力定律就能解释。没错，冲浪板的主体部分通常是由非常轻的聚氨酯和聚苯乙烯泡沫制成，外层覆盖玻璃纤维和树脂纤维。此外，近年来，碳纤维材料制成的冲浪板因其更轻便、更耐用的特点也非常普及。

冲浪板的浮力也取决于其自身的体积。根据长度的不同，冲浪板可以分为两类：一类为短板，长度在 2 米左右；另一类是长板，

世界最佳冲浪地点

大浪永远是冲浪者追寻的目标。根据美国有线电视新闻网 CNN 的报道，目前被全世界冲浪者认可的十大最佳冲浪地点如下：

1 夏威夷：欧胡岛

这里有“巨浪之母”之称。海浪在遇到海底陡峭的珊瑚礁后形成崩卷型碎波，有的甚至高达 6 米，因此只有专业级冲浪运动员能够征服这里。

2 南非：杰弗里湾

这里以长达数百米的卷浪著称，并且根据难度高低分为不同的冲浪区。

3 法属波利尼西亚：塔希提岛

世界上最危险的海滩之一，近岸的珊瑚礁十分陡峭，可以制造巨大的卷浪。这片海滩的名字在当地语言中是“撞头墙”的意思，其危险程度由此可见一斑。

4 印度尼西亚：巴厘岛

海边的岩石峭壁是制造大浪的根本。这里不仅是众多初学者的练习场，同时也吸引着来自夏威夷和澳大利亚的专业冲浪选手一试身手。

5 密克罗尼西亚联邦：波纳佩州

这里的海浪令人叹为观止。还有一个优点是游客不多，因为交通不便。

6 美国：加利福尼亚州

这里有全美最强劲的海浪。冬季时远海的暴风雨制造出的巨浪甚至可能高达 25 米，在遇到海底的陡峭岩石后迅速破碎。

7 法国：阿圭坦尼亚

这里被誉为“欧洲冲浪之都”。位于大西洋沿岸，这里的巨浪甚至可与夏威夷的媲美。

8 墨西哥：南瓦哈卡州

这里的冲浪季很长，可以从每年 3 月一直持续到 12 月。浪高可达 6 米，吸引着来自全世界的冲浪者。

9 菲律宾：锡亚高岛

海滩名称取自一种美国巧克力。总的来说，这里的波浪较缓。

10 印度尼西亚：苏门答腊明打威群岛、西普拉岛

据那些曾经征服这里的冲浪者说，这片海滩的卷浪堪称完美，而且海水温暖，景色也很优美。

意大利的最佳冲浪地点

在意大利，最佳冲浪季节是秋冬之间。此时，来自大西洋的风吹向欧洲，在地中海沿岸掀起海浪。意大利的西海岸，尤其是撒丁岛和西西里岛，是理想的冲浪地。总的来说，意大利沿海的浪都比较平缓。

长度超过 2.7 米。阿基米德定律告诉我们，浮力的大小与物体排开水的重量相同。所以，短板虽然使用起来更方便，但浮力相对较小，需要有比较强的波浪才能与其相适应；而长板因为浮力大，在较平缓的波浪上也可以自由驰骋。

在了解了冲浪板为何能浮在海面上之后，现在让我们来看看冲浪者是怎样站立在冲浪板上的。这完全是一个平衡问题。冲浪者需要调整肩膀和双腿的力量，将身体重心保持在冲浪板上。可以试想一下：在非常平静的海面上，你可以很容易地腹部向下趴在冲浪板上漂浮，对吗？可当你试图站起来时，因为身体重心位置改变了，冲浪板就会开始剧烈摆动，此时如果不调整重心，你很可能会掉进水里。因此，在一系列的外力影响下找到平衡是非常关键的。对于冲浪者来说，最常见的姿势就是两腿前后自然站立，这样就增加了支撑点的面积，同时两膝微屈，降低身体重心。

冲浪的历史

冲浪历史最早可以追溯到 1779 年。库克船长率领的“奋起”号在夏威夷港停泊时，看到过当地居民乘木板浮海。有的木板甚至长达 7 米，可以供多名男女骑跨。在成为一项体育运动之前，冲浪在波利尼西亚群岛地区已经存在了数百年，木板一直是当地渔民在出海捕鱼后返回岸边的快速交通工具。真正让冲浪成为世界性运动的是夏威夷游泳运动员杜克·卡哈那莫库，他获得过多次自由泳世界冠军，也经常在美国和澳大利亚展示其精湛的冲浪技术，人称“了不起的卡哈那”。他让夏威夷成为著名的冲浪地，也让这项精彩的运动风靡全世界。

第四章 水下的感觉

在海底潜水是一种非常美妙的感觉，你会觉得周遭的一切都和在陆地上的完全不同。事实上，这种感官上的变化是源于环绕在你身边的介质改变。下面，就让我们把头扎进水里，一起来感受一下水下世界那完全不同的光线、色彩和声音吧。

水下的光

你在海边玩耍时一定有过这样的经验：当你试图透过清澈的海水观察泡在水中的双脚时，你会发觉似乎有点问题，因为感觉上双脚并不在它们应该在的位置，而是比实际位置要偏上。

这是为什么呢？因为能够帮助我们感知物体形态和颜色的光线，在从空气射入水中时，传播方向发生了略微改变。其实举个简单的例子就能说明这个问题：准备一盆水，然后用手握住笔的一端，将另一端插入水中。此时如果从上向下观察，你会发现以笔和水接触的那一点为界，笔仿佛折了一样，不再是笔直的，而是在水里改变了方向。这一现象被称为光的折射。

当光射向水面时，光线的一部分会被水面反射，另一部分则射入水中。在两种介质（空气与水）之间传播的过程中，光在水中的速度下降了约1/4。

每种物质都有其折射率，即光在真空中的传播速度与光在该介质中的传播速度之比率。空气的折射率理论值为1（由于光速达到30万千米每秒，因此其传播方向通常被认为是笔直的），而水的折射率通常为1.33。

回到刚才做的实验上。在我们观察笔的时候，抵达双眼的光线是从水进入空气中的，在出水的时候发生了折射，进入空气后光速加快，改变了传播方向，因此我们看到的其实是一种虚像。

在水里我们都是远视眼

将头扎进水里，睁开双眼，你会发现下面的世界是非常模糊的。那是因为在水下的时候，投射在晶状体上的光线偏离了其原本的路径，没有聚焦在视网膜上，而是落在了视网膜之后，因此你看到的影像总是模糊的。远视眼的朋友对此一定有深刻的理解，因为在水下看到的影像和远视眼看东西的感觉是一样的。相反，如果你是近视眼（光线聚焦在视网膜之前），在水下看得反而会更清楚。

如果戴上护目镜，情况又会怎样呢？可以肯定的是，视线会重新变得清晰。不过由于空气（或玻璃）在水和眼睛之间形成了阻隔，光线在通过护目镜的时候同样会发生折射，这与刚才提到的实验中笔的情况是一样的，因此你看到的物体仿佛离你更近，而且显得比实际更大。

水下世界是蓝色的

水下世界的颜色其实并不多。潜过水的朋友都知道，只要下潜几米，就会发现周遭的一切基本都是蓝色的。这是为什么呢？在回答这个问题之前，让我们先来看看我们在空气中看到的颜色是什么样的。光是一种电磁波，其内部因波长不同被划分为多个组成部分。在可见光领域，人体可以感知的光谱共有七种，从波长最长的红色光，经过橙、黄、绿、蓝、靛，到波长最短的紫色光。每个被光线照射的物体都会吸收并反射不同的光谱。我们人眼观察到的物体的颜色就取决于其反射的是哪种光。比如，一把红色的椅子会反射红色光，吸收其他颜色的光；一支蓝色的笔只反射蓝色光；所有黑色物体则是将全部光谱都吸收。那白色呢？白色物体会反射所有光，因此我们看到的白色其实是七色光聚合在一起的结果。下面让我们来看看水的情况。水可以吸收阳光，而太阳光是由七种颜色的光组成的。正如我们之前讲到的，这七种光线波长各不相同，并且随着海水深度的增加，不同深度的海水会吸收不同波长的光束。波长最长的红色光射入海水后会被迅速吸收。随着海水深度的增加，橙色、黄色、绿色和紫色光也相继被吸收和消失，直到百米深处，最后消失的是蓝色光。因此，我们看到的海洋里的海水便是蔚蓝色一片了。

光在水下的变化其实并不只取决于深度，还与位置有关，比如在深海和在岸边海水中的情况是不一样的，这是因为海水中所含的物质不尽相同。举个例子，深海海水里充满各种悬浮颗粒物，比如泥土、正在分解的动植物、沙子和浮游生物等，它们都会和光线相互作用。这些颗粒物对光的吸收各有不同，因此只有明亮的光才能穿透至水下。在通常情况下，紫色和蓝色光可以抵达水下很深的地方，但如果遇到善于吸收紫色光和蓝色光的浮游生物，那么情况就不尽然了。因此，只要水面稍有浑浊，水对光线的吸收状态就会发生改变。

海水是什么颜色的？

其实，海水本身并不是蓝色的，而是因为与太阳光相互作用后产生的结果。水对光的吸收是有选择的，明亮的光（如紫色、红色、黄色、绿色、橙色等）都可以被水吸收，并且穿透水面一路向下。而波长较短的蓝色光，如果没有遇到海藻等浮游生物的吸收，则会在一遇到海水的阻碍时就被反射回去了，因此我们看到的海边也就呈现出这种颜色。不过，同样的道理并不能用来解释为什么天空是蓝色的，因为天空的颜色还取决于另外一个被称为“漫射”的现象。当太阳光照射到地球的大气层时，蓝色光最容易扩散到空气中再反射出来，而其他颜色的光穿透能力很强，透过大气层照到地球上，所以我们看到的天空是蓝色的。

水下的声音

声音在水下的传播速度要远高于在空气中的传播速度。可为什么我们在水下还是听得不清楚呢？让我们先来了解一下什么是声音。声音是由物体振动产生的声波，是通过介质（空气或固体、液体）传播并能被人的听觉器官所感知的波动现象。声音在空气中的传播速度超过 1 200 千米每小时，相当于每三秒就能传播 1 千米；而声音在水中的传播速度则超过 5 300 千米每小时，相当于每三秒就能传播 4.5 千米。产生这种区别的原因如下：与空气相比，水的可压缩性更低，其分子的抗压缩能力更强，因此对声音的传播速度也就更快。声音在水下的传播速度主要取决于两个因素：压力和温度。当这两个因素增加时，声音的传播速度也会提高。随着水深增加，水温下降，水压增高，声音的传播速度则会逐步降低。通常来说，与深海冰冷的海水相比，声音在靠近海面的温暖海水中的传播速度更快。不过，待水深达到 1 200 米时，水压强到足以抵消水温的下降，那么声波的传播速度则会回升。因此，在非常非常深的海底，声音的传播速度要远远大于在水面的传播速度。

头骨听音

人在水下时听力会受到非常大的影响。我们的耳朵可以很清楚地接收到通过空气传播的声波，但在水下时却变得几乎毫无用处。首先，让我们先来看看耳朵的功能。耳朵能将振动发出的声音，经过中耳和内耳后转换成神经信号，然后传给大脑。正如我们前面所提到的，像人体其他部分一样，耳朵的密度与水的密度是近乎相同的，因此耳朵在水下时是无法捕捉和接收振动的。既然如此，那么也许有人会问了：为什么我们在水下还是能听到声音呢？答案就在我们的头骨上。

头骨的密度要高于水的密度，因此头骨在水下可以接收并传播声波。声音产生的压力波振动头骨，之后被转化为微小的电子脑波，它就是我们觉察到的声音。听障患者佩戴的助听器采用的就是这个原理。骨的传导能力要远弱于空气传导，因此为了听到同样强度的声音，声源制造的振动就要更强烈。让我们再来举一个例子。你有没有过这样的经验：在录音机里听到自己说话的声音时觉得那不是自己的声音？其中一个原因是我们在听自己说话的时候，对声波的接收依靠的是头骨传播，而别人听你说话的时候则是依靠的空气传播。由于骨组织更容易接收低频声波，因此与外人相比，我们在听自己说话的声音时感觉会更为低沉。

失去方向感

声音在水中的传播速度更快，这给我们的方向感造成了一定的困难。在空气中，我们可以很容易地辨别出声源的位置，但在水中则不然。

这种辨别声源的能力源自我们的双耳在声音接收时所产生的一个时间差。在空气中，更靠近声源的那只耳朵会首先接收到声波，之后才会再传导到另一只耳朵。人脑对这个时间差做出判断后便能确定声源的方位。

我们可以通过一个简单的实验来判断空气中的声源。抬起一只手，在头的一侧开始用手指打响。在打响的过程中将这只手围绕着头部画圈，你会很快发觉声源的改变。

可如果在水下重复同样的动作，你会发觉很难判断声音来自哪里。这是为什么呢？因为声波在水下的传播速度非常快，声音传导到左右两耳时产生的时间差变得极其微小，对我们而言，似乎感觉双耳是同时听到声音的，因此造成我们的大脑无法对其进行判断。

声呐的工作原理

鉴于声音在水下的传播速度可以达到在空气中传播速度的5倍之多，因此声波无疑是人类探索深海的最有效帮手。在大海中，海豚是我们所知的最善于依靠声波定位的动物。我们人类则发明了声呐，其中文全称为声音导航与测距（Sound Navigation And Ranging），是利用水中声波对水下目标进行探测、定位和通信的电子设备。当声波在水下遇到障碍时，会被障碍物反射回来，此时声呐就可以捕捉到这个反射的声波，从而定位出障碍物的位置。障碍物所处的位置越远，回声被接收所需要的时间就越长。

打水漂的秘密

你有没有用石头打过水漂？你的石头能在水面弹跳几次呢？其实这完全是一个物理问题。当今的打水漂世界纪录是由美国人拉塞尔·拜阿斯在2007年创造的，他打出的石头在水面弹跳了足足51次。如果你也想试试打破世界纪录，那么可以去参加在苏格兰伊斯代尔岛举办的世界打水漂锦标赛。如果你只是希望在朋友面前一显身手，那么我倒是可以给你一些建议。根据经验，打水漂用的石头最好是扁平的圆形石片，不要太重，也不能太轻。石片出手的速度要快，而且紧贴水面。在石片离开手的一刹那，要给它加一个旋转的力。以上这些都是根据经验总结出来的基本动作，但在物理学家看来，还远不止于此。为了探究石片在水面持续弹跳的秘密，一群

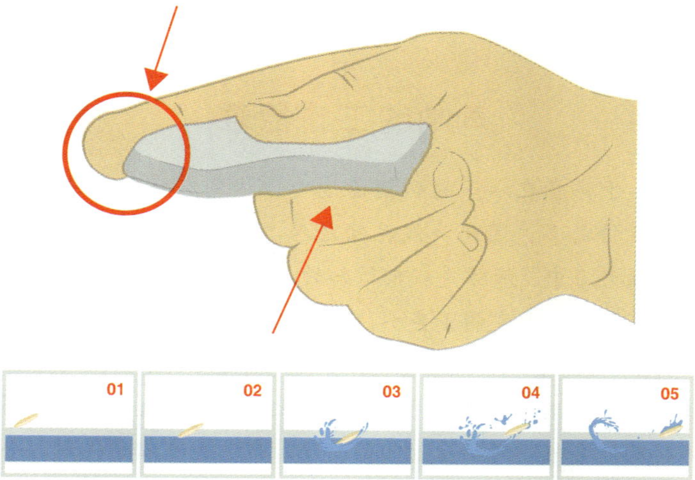

图7　如何打水漂

法国学者专门制作了一个投石机，并且安置了高速摄像机用于观察和记录石片的轨迹。研究结果表明，弹跳次数的多少主要取决于石片与水面接触所形成的角度，而最理想的角度是 20°（见图 7）。如果角度低于 45°，石片还是会在水面上产生弹跳，但次数会有所下降。一旦角度超过 45°，石头则会直接深入水中。

可为什么石片会在水面弹跳呢？当高速运动的石片撞击到水面时，带动它周围的水在非常短的时间里快速流动，使这部分水受到的压力由此减小，而下面的水则是静止的，产生的压力也就是浮力更大，因此石片就会被更大的浮力弹起，反之则会下沉。滑水运动运用的就是这个道理。运动员在高速摩托艇的牵引下在水上踏板滑行，并做出旋转、跳跃等动作。至于我们施加在石片上的旋转力，主要是为了让石片在运行中保持更稳定的状态。由于旋转中的石片始终处于直线运行轨迹，能量消耗自然更小。

第五章 海流

在海里玩耍时，你一定遇到过这样的情况：突然感觉有一股清凉的海水从腿下流过。没错，这股海水就是海流了。

通常来说，任何液体的流动都被称为“流”，流动距离不限，从几百米到上千千米。

海流会把我们带到距离入水地点很远的地方。海流也是大西洋沿岸的欧洲国家气候形成的关键因素。

了解海流

如果对海流不了解，大海会显得非常危险，特别是当你意识到自己正在海里随波逐流时，可能会更加恐慌和害怕。因此，了解一些海流的知识就显得非常有必要。

在岸边，海流形成的道理其实很简单：波浪在破碎时会释放能量，能量有一部分会被消耗，而另外一部分则陷在波浪与海底之间。波浪传播至岸边，受到海底浅滩的挤压后，海水因压力四处扩散，便会形成海流。这便是海滩上最为常见的海流，也被称为回头浪。

而在远离岸边的深海区域，水流的运动让人很难察觉，不过海水本身一直是处在不断运动中的。

海浪由外海向海岸传播至破碎带，破碎后产生的一支平行于海岸运动的海流，称顺岸流。这种海流通常出现在较长的海滩。波浪在慢慢靠近海岸的时候，它的前进方向总是与海岸垂直的，或者会和海岸线有一定的夹角，也就是斜向入射。海水随着波浪向陆地方向运动时，不可能向着沙滩上无限前进，会受到多个力的影响，所以水会向其他方向运动来平衡，从而形成大体与海岸线走势平行的定向流。此外，顺岸流还会顺着海流的方向将泥沙留在海岸上，因此我们在顺岸流较多的沙滩上可以看到更多的泥沙沉淀。

这种海流是造成海岸侵蚀的重要因素。顺岸流到来时，海流速度可能会非常高。因此在岸边戏水时，最好事先在海滩上确定一个参照物，比如一把太阳伞或一棵树，以免被海流带得过远发生危险。

海洋中最危险的海流是离岸流，也称回卷流（见图 8）。

并不是所有的海滩都有这种海流，但你只要在海里遇到一次，就会终生难忘。通常说来，如果没有发现波浪破碎，那你基本可以放心，因为形成离岸流的主要原因是波浪破裂时产生的巨大能量。而当你在较为动荡的海水中游泳时就要格外小心了，如果突然感觉身体被扯向离岸方向，这就说明你遇到了离岸流。

这时会出现什么情况呢？波浪破碎后，海水会朝着垂直于海岸的相反方向流动，直至遇到相向而来的水流。此时，两股水流汇合后，迅速朝外海方向流动，直至逐步失去其能量。如果正好遇到这种海流，游泳者会在短时间内被带到离岸边很远的地方。被带离的距离主要取决于海流的波幅，波幅越大，距离越远。如果被带离岸边 50 ~ 100 米，虽然看起来并不远，但如果不了解海流的特点，

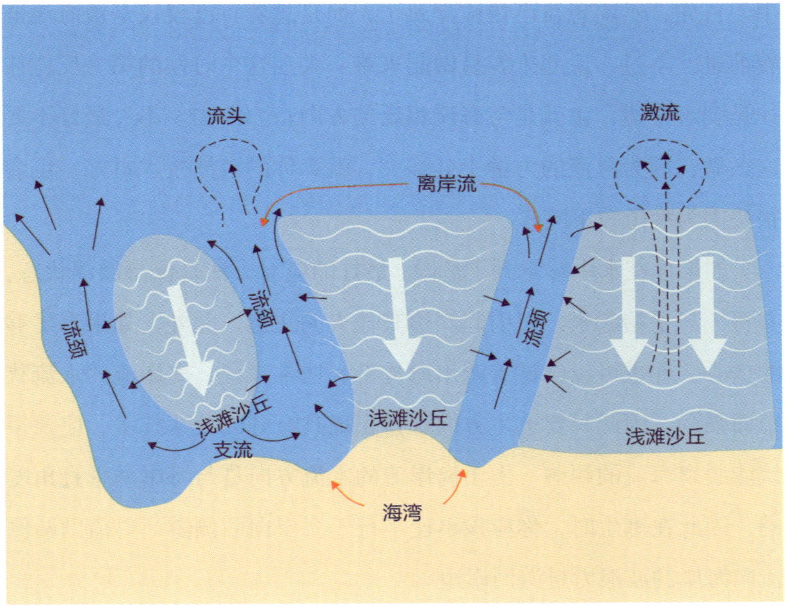

图8 离岸流

游泳技术也不够好的话，仍旧是非常危险的。

如何躲避海流

离岸流是造成游泳者溺毙的最常见原因，因此我们有必要了解它的一些特点，以便能够在遇到类似情况时得以脱身。首先，离岸流的海水携有泥沙，颜色要比周围海水的颜色更深。其次，如果你注意到在一片波动较大的海面上，突然出现一片条带状的海水异常平静且波纹较少，那么你很有可能遇到了离岸流。

当你意识到自己遇到离岸流时，很可能已经被海流带向了与海岸相反的方向。这个时候千万不要恐慌，因为恐慌可是溺水的好帮手。首先，不要想自己快被淹死了，而是想着自己仅仅是被海流推着前进。不过，说起来容易做起来难。人在这个时候的第一反应往往是朝着岸边，也就是与海流相反的方向奋力游去。不过最好不要这么做，因为海流的力量十分强大，就算你的游泳技术再好，也会很快因为疲惫败下阵来。

如果你在水中感觉到了危险，最好的应对方法是保持漂浮状态，并将一只手抬起来，以引起岸边其他人的注意。此外，如果有足够的信心，你也可以尝试着游出海流带。通常来说，离岸流的水流狭窄而强劲，因此只要逃生方向选择正确且有好的游泳技术，应该很快能脱离海流的纠缠。由于离岸流的水流方向是与海岸呈垂直角度的，因此在逃生时，你应该迅速平行于海岸向两侧游，再借助两侧流向海岸的波浪力量游回岸边。

如果有一片区域的海水发白且泡沫丰富，那么意味着那里的海底较浅，你可以尝试着站起身来。有的出色的游泳者还可以任凭海流一直将自己带到波浪开始破碎的地方，然后再顺着破碎海浪的方向游回岸边。不过，如果你本身怕水，又不了解海流的特性，偏巧岸边还有大浪拍岸，那最好还是选择待在岸上欣赏海景吧。

海洋表面的河流：表层洋流

海洋始终处于运动中，巨大的海流也如同河流一般流淌在全世界。因为海流的存在，一个从葡萄牙海岸入水的漂流瓶也许会在阿根廷被发现。曾经发生在太平洋上的“小黄鸭舰队”的故事就是最好的实例。1992 年，中国一艘装载着橡皮小黄鸭洗澡玩具的货轮在太平洋遭遇强风暴后沉没，致使总共 28 000 只小黄鸭散落在海面上，组成了“小黄鸭舰队”，开始了它们的奇幻漂流旅程。随后的几十年间，通过海洋学家柯蒂斯·艾波兹梅尔的搜集和研究，这支“舰队”在海上漂流到了全世界，抵达了澳大利亚、南美洲，甚至欧洲等地。其中一部分小黄鸭在漂流过程中聚集到了人称“塑料岛”的太平洋深处，那里由于水流平稳而在水面上堆积了许多垃圾；另一部分小黄鸭则在20多年后依旧继续着自己的旅程。而推动“小黄鸭舰队”行进的正是表层洋流。

表层洋流主要是在大洋中深度小于200米的位置运动，其形成的主要动力是风。风通过与水分子之间的摩擦，不但可以令水面起伏，形成波浪，也会带动海水的运动。因此，洋流的方向主要取决于推动波浪前进的风向，而其表现则与地转偏向力密切相关。如果地球是静止不动的，那么空气在极地高压带和赤道低压带之间的流动轨迹应该是直线形的。但由于我们所处的地球一直在旋转，科里奥利效应就会发生作用，空气流动轨迹也自然会有所改变。地球自转时，地表各点的线速度因各纬度的不同而有差异，从赤道向两极递减，极点为零。这是因为地球是个球体，各纬线圈的周长不一样，赤道周长最长，所以赤道完成一圈需要转过的路径最长，线速度也就最大，越往两极纬线圈周长越短，线速度也就越小，直到两极线速度为零。也正是如此，当风从赤道向北极吹时，空气流动轨迹会因为两地之间线速度的不同而发生偏差。在北半球，从赤道吹向北极的风，也就是正南风，会向东偏移；而从北极吹向赤道的风，也就是正北风，则会向西偏移。在南半球的情况则正相反，从赤道吹向南极的正北风会向东偏移，而从南极吹向赤道的正南风则向西偏移。世界各大洋的主要洋流分布与风带有着密切的关系，洋流的方向和风向一致，因此在北半球向右偏，南半球向左偏，所以北半球的洋流基本上是作顺时针方向流动，在南半球作逆时针方向流动（见图 9），分别在北大西洋、南大西洋、北太平洋、南太平洋和印度洋形成主要洋流。

最为人所熟知的洋流无疑是湾流，也称墨西哥湾暖流，是北大西洋湾流的一部分。对它的研究可以用来解释海洋运动对气候的影响。

湾流形成于墨西哥湾的温暖海水，沿着美国东海岸向北流动，随后横跨大西洋，流向西北欧的西班牙、法国和英国海岸，最后能一直延伸至冰岛和斯堪的纳维亚群岛。不过，一部分海水同时流向南部的加那利群岛，并沿着非洲西海岸向南直到赤道附近，同样在横跨大西洋后，最终返回其发源地。墨西哥湾暖流规模巨大，宽度超过 70 千米，日流速可达 160 千米，总流量 5 500 万立方米每秒。来自墨西哥湾的温暖海流可以缓和北欧国家的寒冷气候，因此，科学家们非常担心全球变暖的趋势会减缓湾流的速度，从而加剧欧洲冬季的严寒。

海底的河流：深层洋流

大洋深处也有水在流动，只是速度较慢。密度是形成此类洋流的主要原因，因为密度大的水会留在海洋底部，而密度小的水则在上方流动。水的密度大小取决于温度和盐度。因此，深层洋流又有“热盐环流”之称。如果水的温度高且盐度低，那么水的密度就低，水就会在表层运动，反之，如果水的温度低且盐度高，那么水的密度就高，水就会在深层运动。另外，不同温度和盐度的洋流保持各自的运动，不会混合。

海洋学家绘制出了一幅被称为“全球传送带”（Global Conveyor Belt）的示意图，不仅标明了洋流位置和方向，还对海水密度高低变化明显的交汇地点作了标注。猜猜看，温度最低、盐度最高的地区在哪里？答案是大西洋北部的格陵兰群岛附近（见图 10）。来自墨西哥湾暖流的海水一方面在这里变得冰冷，流速的减缓也让流量变小；另一方面，由于海水几近结冰，析出的盐分增加，周边海水的盐度因此上升。海水在洋流的带领下在全世界的大洋中作循环运动。据科学家们测算，一个水分子如果要在整个传送带上走一遭的话，平均需要 1000 年。

深层洋流对于营养元素和二氧化碳在全球的流动十分重要。表层海水温度高，其内部营养元素和二氧化碳的含量则相对小，但当深层洋流运动时，其释放出的营养元素和二氧化碳可以对表层海水形成很好的补充。生态系统食物链的基础取决于水是否新鲜，因为新鲜的水营养丰富，有利于海藻的生长。因此，科学家担心全球变暖会减缓洋流的速度，引起更严重的问题。

如何在海滩上让饮料保持冰爽？

在阳光充足的海滩上，就算有太阳伞的保护，我们也同样会觉得酷热难耐。这个时候，为了不让自己晒干，最好的方法就是躺在太阳伞下，还要补充水分。

此时，冰爽的饮料一定最受欢迎，不是吗？

不过，便携式小冰箱或者冰杯都有其局限性，因此还是学习一些方法，让饮料在灼人的海边一样保持冰爽。这些方

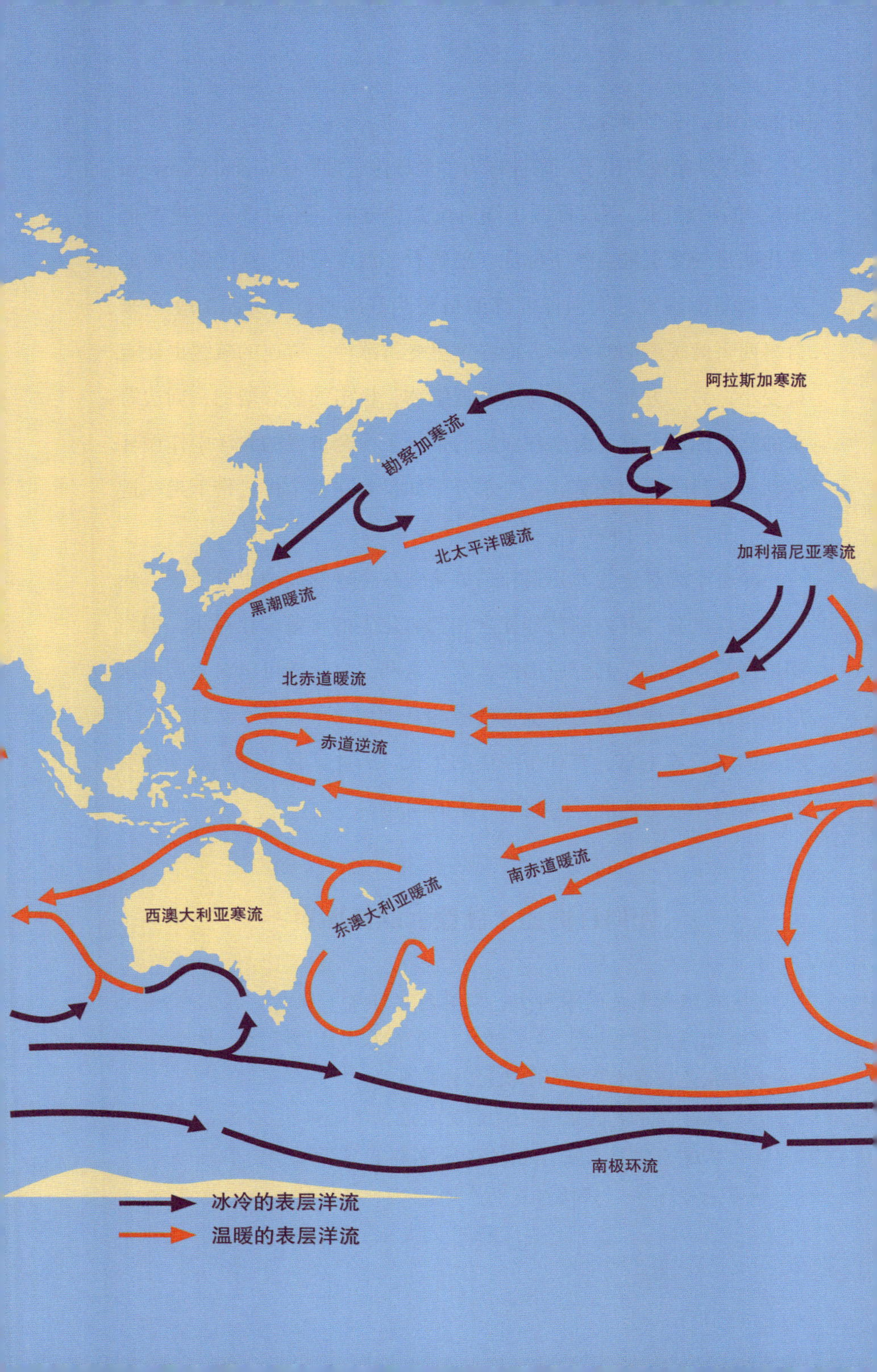
阿拉斯加寒流
勘察加寒流
北太平洋暖流
加利福尼亚寒流
黑潮暖流
北赤道暖流
赤道逆流
南赤道暖流
东澳大利亚暖流
西澳大利亚寒流
南极环流
冰冷的表层洋流
温暖的表层洋流

格陵兰寒流
北大西洋暖流
墨西哥湾暖流
加纳利寒流
北赤道暖流
赤道逆流
几内亚暖流
南赤道暖流
北赤道暖流
赤道逆流
本格拉寒流
巴西暖流
秘鲁寒流
福克兰寒流
南赤道暖流
阿古拉斯暖流
南极环流

图9　世界洋流分布图

法离不开物理和化学知识。

也许你会觉得奇怪，不过，要想让饮料不受阳光热度的影响，最简单的方法就是将它埋在沙子底下，只露出瓶盖部。沙子下层的温度比表层更清凉，既保证饮料免受阳光照射，又能扩散其本身的热量，从而起到降温的作用。如果你待的地方恰好离海滨不远，在不挡路的前提下，可以将饮料埋在海滨沿线的海沙下。在阳光的照射下，湿润的沙子中的水分会蒸发，同时将埋在沙下的饮料含的热量也一并带走，蒸发出去。不过，提醒一句，记住埋饮料的位置哦！

如果饮料被晒热了，那该怎么办呢？这个时候，你同样可以利用蒸发的原理。如果海滩上有风，你身边又正好有一只袜子（当然，最好是干净的），可以将饮料瓶装进袜套里，放进海水中浸湿，然后将其挂在结实的树枝上吹干。水分的蒸发会带走饮料瓶的热量，温度下降，饮料自然变凉。如果海滩上无风，身边也没有袜子和树枝，可以用湿衣服或者湿手帕盖在饮料瓶上，放在太阳底下晾晒即可。为什么蒸发能帮助降温呢？水从液态转化到气态时，需要大量的能量。能量的一部分来自对阳光的吸收，另一部分则来自对饮料瓶热量的吸收。空调的工作原理也是如此。为了说明这个道理，我们可以举个日常生活的例子。之所以在洗完澡后会觉得更清凉舒适，那是因为人体皮肤表面的水分蒸发，同时也带走了身体的部分热量。最后推荐的方法也许在海滩上操作起来会比较麻烦，但不妨了解一下。这个方法需要你提前准备几小瓶冰水（不能饮用的更好），再准备一个小盆。操作方法是：先用小盆盛一部分海水，然后将冰水瓶的盖子打开后放进盆里，让海水与冰水接触，最后将需要降温的饮料瓶放入盆中。几分钟后你就会发现，饮料变得清凉了。奥秘就在于水、盐和冰这三者之间的融合。盐水的冰点要低于淡水冰点，海水

的冰点约为 −2℃。冰置入水中时，一方面，冰试图去让周围的水结冰，而另一方面，水也在试图融化冰。当水中有盐存在时，胜利者就会是盐水，冰会很容易地被融化掉，并在融化的过程中从周围吸收热量，从而达到冷却饮料瓶的效果。古代人就是在这一原理的帮助下，在盛满水、盐和冰的容器中搅拌原料，制作成冰淇淋。如果家中有客人来访，来不及给饮料降温，不妨试试这个方法。在容器中装满冰水，加入食盐，最后把需要降温的饮料放进去。加的盐越多，降温就越快，最低可达 −21℃。

海水的三大密度层

水的密度取决于温度和盐度。盐度增加且温度升高，水的密度也会增大。咸冷的水（温度低、盐度高）的密度要高于淡暖的水（温度高、盐度低）。基于此，海洋被分为三大密度层，分别是密度表层、密度跃层和密度深层。表层区域约占整个海水面积的 2%，由于波浪和洋流的共同作用，其温度和盐度基本保持不变，而且不会随水深的增加而发生变化。这一区域通常是从海水表层向下延伸至 150 米处，有的地方甚至可以深达 1 000 米。密度跃层是介于表层和深层之间的密度层。在这一层，海水的密度随深度增加而突然变大。这一区域约占海水面积的 18%。密度深层通常在水深 1 000 米之下，约占海水面积的 80%。越接近海底，海水密度越高，流速也就越慢。

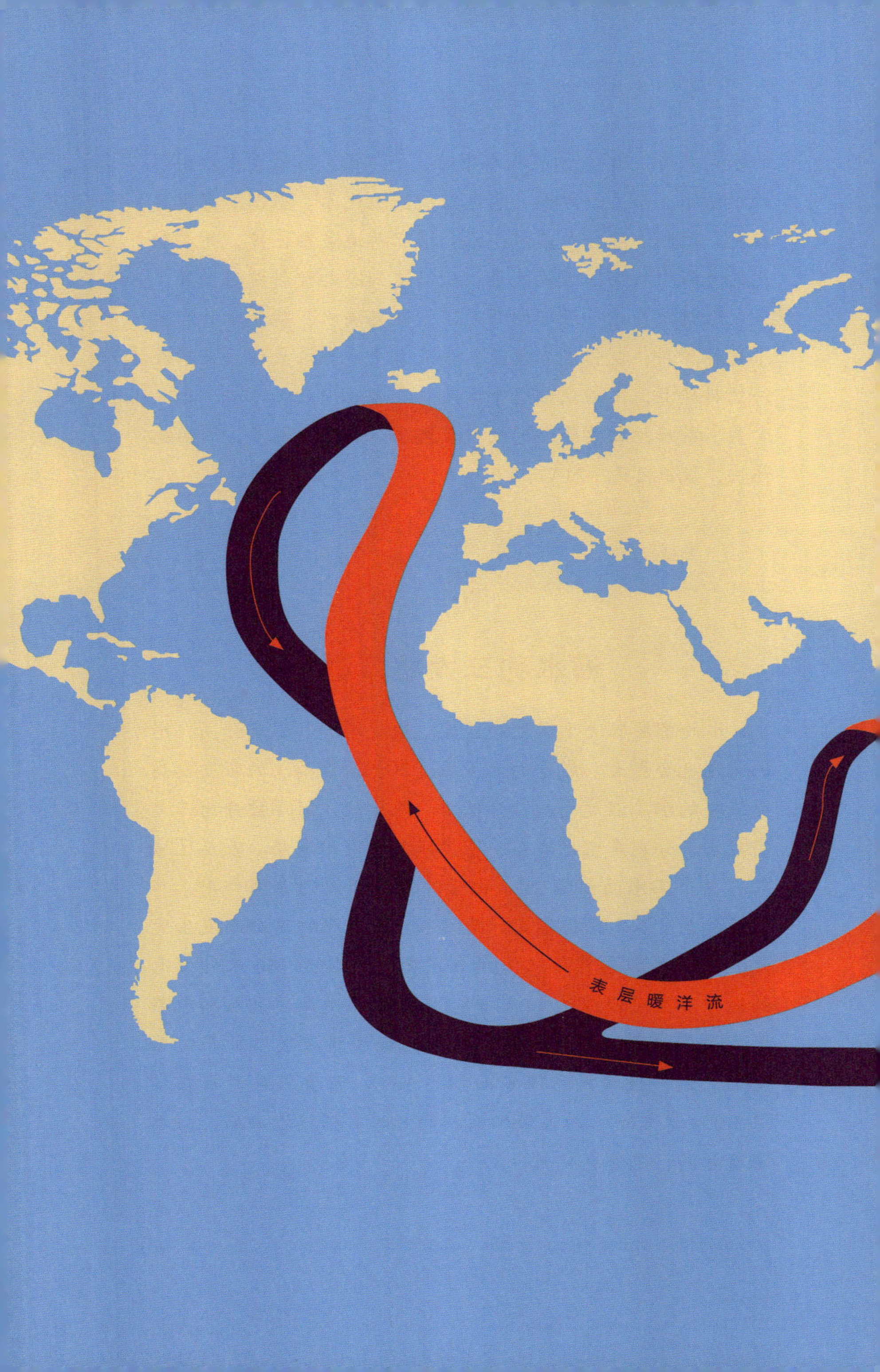
表层暖洋流

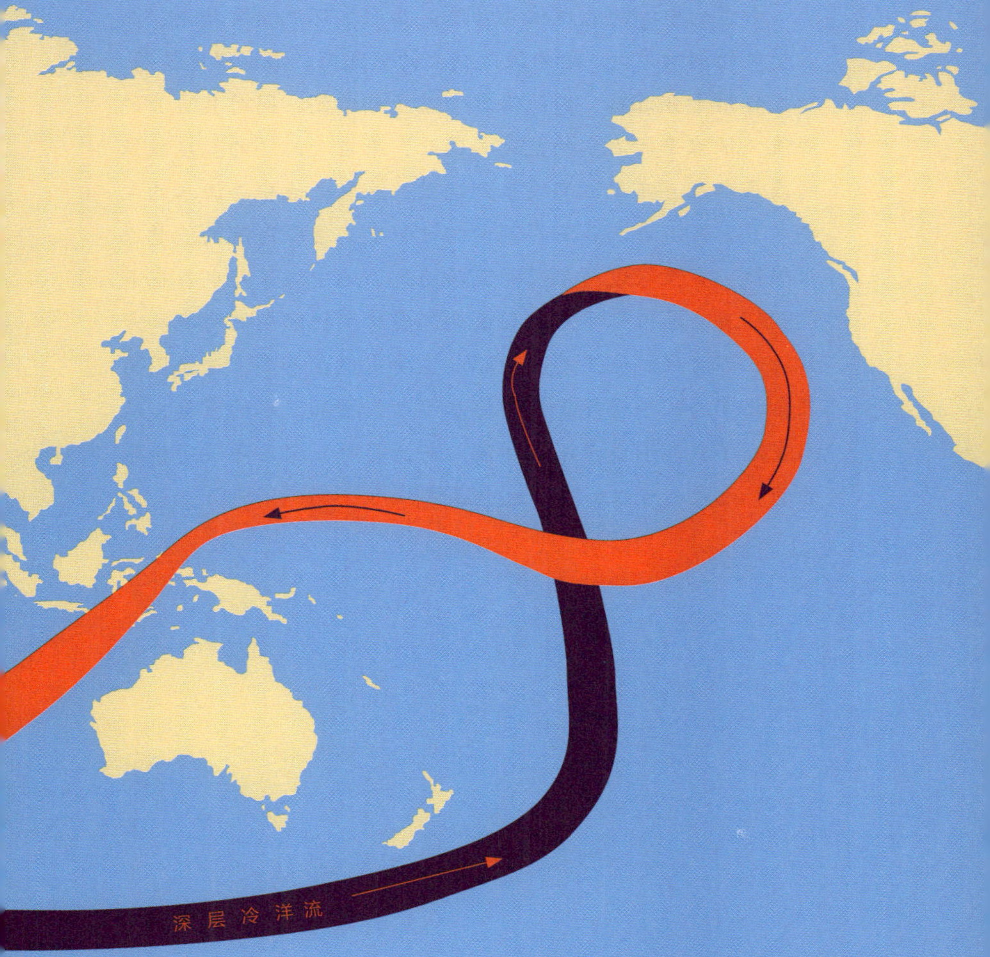

图10　全球传送带

地中海的海流

由于地中海的地理位置特殊，其海水环流非常复杂，而且受风的影响很大。地中海是个大的陆间海，海水温度较高，蒸发作用十分旺盛，因此海水含盐度非常高，同时其自身的海流又很难平衡海水的盐度。因此，来自大西洋的盐度较低的表层水经直布罗陀海峡来到这里，一直是地中海海水的主要来源。在沿着北非海岸流动的过程中，这股海流的能量逐步降低，直至经过阿尔及利亚后消失。地中海深处也存在着热盐环流，具体位于意大利最南部奥特兰托以南的海底和爱琴海北部海域。这里的热盐环流主要出现在冬季，这是因为来自北部的寒冷空气降低了海水温度，增加了水的密度，从而在海洋底部形成了深层洋流。与此同时，深层洋流所携带的营养元素也可以补充到地中海中。

化学

第六章 海水为什么是咸的?

在海里尽情嬉戏后，躺在沙滩上晒太阳。过不了多久，晒干的皮肤上会析出一层物质，细细的、白色的。用手指蘸一点放进嘴里，你就会知道它的味道是咸咸的。这就是海水蒸发后留下的矿物盐，其主要成分是氯化钠（即我们常用的食用盐）。为什么海水是咸的，而江河水不是呢？答案就在蒸发作用和我们地球的构造上。

谁将盐带到了海里?

事实上，江河水中也有矿物盐，只是浓度非常低而已。在从发源地流到入海口的过程中，江河水将所经过的岩层中的多种物质分离出来（这一过程称为风化作用），并将它们带到海洋中。在海洋里，水将完成其整个循环中的一个重要步骤：蒸发。在阳光的作用下，海水蒸发，来自江河水的盐分则被留了下来。

也许有人不相信海水会蒸发。其实只要做一个简单的小实验就能证明：向一个比较大的盆中倒水，水量以刚刚没过盆底为佳。然后，在水里加一勺食用盐，搅拌均匀使其充分溶解于水，然后将盆放在太阳下晾晒。几小时后，你会发现水分蒸发掉了，留在盆底的只有之前加入的盐。如果使用底部面积不一的盆多做几次实验的话，你会发现：盆底面积越大，即暴露在阳光下的水的面积越大，水分蒸发的时间也就越短。

海水中的盐分并非全部来自于岩层，其中也有重要的一部分源自地球自身的构造。

在被称为地壳的岩层之下，还流淌着岩浆。有些时候，岩浆向地球表面作用，形成海底火山喷发、地热温泉和地壳开裂等现象，从而将新的矿物质带到已然富含盐分的海水中。

几百万年来，正是这两种过程的作用造就了海水中的盐分含量不断增高，成为今天的样子。

海水中盐的含量

海水的含盐量约为 3.5%。

这就是说，每蒸发 1 千克海水，会得到 35 克的盐。据测算，全世界海水中的盐分总量可达 55 亿吨。如果海水全部蒸发掉，会留下一层厚达 40 厘米的盐层。

那么，海水中析出的盐包含哪些成分呢？首先，最主要的是钠和氯，即氯化钠，约占总量的 85%（见图 11）；其次是硫酸盐，约占 8%；然后是镁，约占 4%、钙和钾，分别占 1%。

海水会变得更咸吗？

不会。根据科学家们的研究，海洋已经达到了一个化学平衡。

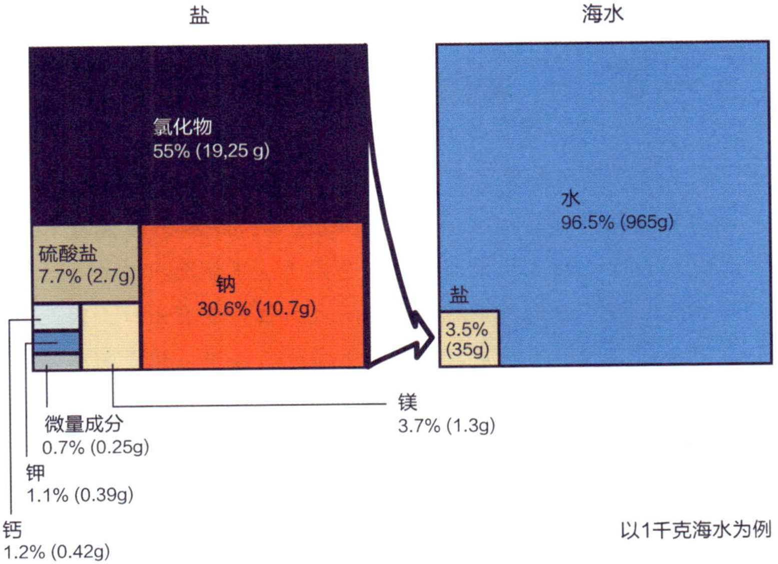

图11 海水中盐的成分

不过，全球变暖的趋势很可能会对此产生影响。那么，这种平衡是如何达到的呢？海洋中的生物也需要盐分，因此从海水中“偷走”了其中的一部分。海洋生物组织中所含的盐的成分与其周围海水中盐的成分非常类似，细胞最基本的成分是钠和钾，因为这二者起着神经传导的重要作用。

另一个例子是贝类。这种软体动物的外壳的主要成分是碳酸钙。当动物死亡后，贝壳会成为富含矿物质的沉淀物，并在地壳的岩层运动中逐渐消失，溶解在流动的岩浆中。

湖泊也可以是咸的

最有特点的咸水湖是死海。死海位于约旦和以色列之间，湖水的含盐量高达 30% ~ 35%（超过普通海水含盐量的 10 倍）。如此高的矿物盐含量主要是因为这里缺乏出水口。死海由约旦河、亚嫩河等河流汇集而成，但却没有出口，因此盐分不断在湖水中聚集，却无法被排到海洋中。位于阿拉伯半岛和非洲之间的红海的含盐量也很高，平均超过 4%。其主要原因首先是降水量少而蒸发量大，同时由于红海地处内陆，是一个封闭性很强的内海，只有运河与大洋连接，运河的水流量又不大，造成红海与其他海洋之间的海水交换不足。

第七章 有质量的海

常有浪漫的诗人会站在沙滩上，望着大海赞叹道：“多么美的大海啊！”然而，科学家们却对此嗤之以鼻。在他们看来，大海不但要美，更要干净和健康。因为判断海水的质量，只靠肉眼观察是不够的。

海水清澈透亮就意味着干净吗？

海水的清澈与透亮主要与海水中的悬浮颗粒有关。其实，即便是世界上最干净的海水，里面只要有了沙粒、岩屑或水藻，也会稍显混浊。

亚德里亚海的海水要比马尔代夫的海水更混浊。这是否都是污染的缘故呢？不，至少不全是。

由于独特的地质构造，亚德里亚海很难消耗掉自身富含营养成分的海水，为水藻和浮游生物的产生创造了条件，致使海水混浊。

的确，污染也是造成海水混浊的一个原因。以意大利的波河为例，在流向亚得里亚海的过程中，它会携带诸如化肥或洗涤剂之类的物质，这些化学物质中所含的氮、磷、硫等成分会污染海水。

健康海水的标志

在什么情况下我们才能说海洋生态系统是干净和平衡的呢？为此，科学家们分析了海水，特别是对其中的主要成分及特性，具体如下：

- 细菌。水中含有多种微生物和细菌，虽然其自身并不危险，但在伴随其他细菌或致病菌的过程中仍然会传播疾病。比如，海水浴场的水中会监测到大肠杆菌的存在。通常来说，大肠杆菌生长在人或某些动物的大肠中。如果大肠杆菌含量不正常增多，不仅会引发净化器官功能失调，也说明有源于动物的排泄物大量存在（通常是由饲料种植或养殖造成）。
- 营养物质。营养物质是海洋环境赖以生存和发展的重要成分，其中最重要的是氮和磷。如果海水中的营养物质含量过高，即发生富营养化的话，会引起藻类及其他浮游生物迅速繁殖，造成水体溶氧量下降，鱼类及其他生物大量死亡的现象。与此同时也会对海水的酸碱度、透明度和温度产生影响。如果海水发臭，很有可能是出现了此类情况。
- 溶氧量。这是水中生物生存的重要指标之一。鱼在呼吸过程中依靠的就是吸收溶解在水中的氧气，因此溶氧量不足的海水是不适合水中生物生存的。溶解在水中的氧气一般来自空气中氧的供给，或水中植物通过光合作用产生的氧气。溶氧量通常用每升水中含有多少毫克氧为标准来衡量，其高低主要取决于水的温度和含盐量。通常说来，在 15℃ 的海水中，溶氧量最高可达 10 毫克每升。如果该溶氧量下降 30%，则海水处于缺氧状态，大量鱼类将无法生存。造成缺氧的原因之一就是上面我们提到的富营养化。水藻和浮游生物的大量繁殖，导致水中的溶解氧急剧消耗，而且阻碍了海水与大气间的空气交换。与此同时，这些生物死亡后，分解出的细菌会留在海底，进一步消耗水中的氧气。

- 温度。温度对于海水中的物理、化学和生物学过程都至关重要，比如刚才提到的溶解氧、水生植物的光合作用、水生动物的新陈代谢、废物有机体的灵敏度、寄生菌和疾病等。海水温度与大气温度、云量和波浪多少相关。
- 酸碱度 pH 值。酸碱度是检测液体中氢离子浓度的指标。如果 pH 值趋于零，则液体偏酸性；如果趋于 14，则液体偏碱性。25℃的纯净水的酸碱度值为 7（呈中性），而海水的酸碱度值一般在 7.5 ～ 8.4 之间。海水中氢离子浓度的变化会影响化合物的分解以及水生物的生存状态。工业垃圾、农业中的农药与化肥残余以及大气中的二氧化碳都会对 pH 值产生影响。
- 有毒物质。主要是指金属、农药和石油。众所周知，水银多源自矿山、电厂和垃圾焚烧，进入海水中的水银会被鱼吃掉和吸收。此外，比较常见的金属物质还包括铅和铬。
- 混浊度。这是测量海水透明度的指标，以确定悬浮颗粒的含量。混浊的海水透光率低，因此水下的植物生长慢，从而造成可供鱼类和无脊椎动物食用的食物量也相应减少。

越来越酸的海洋

海洋环境正面临危机，始作俑者正是我们人类。人类活动形成温室气体，导致全球温度升高。根据联合国政府间气候变化专门委员会科学家的最悲观统计，到 21 世纪末，全球平均气温将比 1850—1900 年期间上升 2℃。

温室气体效应带来的不仅是温度的上升和海平面的升高，还会增加二氧化碳在海水中的溶解，加剧海水的酸化，破坏本来就很脆弱的水体平衡。

水的酸度取决于水中氢离子的含量，是通过 pH 值标注的。二氧化碳和水发生反应后产生碳酸，碳酸分解出氢离子和碳酸氢根离子。氢离子中有一部分会被碳酸根离子中和形成碳酸氢根，但总体含量中还是氢离子占优。正是这些氢离子的存在提高了海水的酸度。

根据第三届国际海洋论坛的科学家提供的数据，自工业革命以来，世界上的二氧化碳含量不断增加，海洋的酸碱度 pH 值已从 8.2 下降到了 8.1。从数字上看，这只是 0.1 的差距，但却相当于海水酸度增加了 26%。更有悲观的科学家认为，到 2100 年，海水酸度还会上涨 170%。

海水酸度的升高直接对某些物种的生存造成威胁。比如，海水酸化会加剧贝类生物外壳的腐蚀，使其很难维持贝壳的完整。海水酸化还会影响珊瑚和珊瑚礁的生长，令其溶解于水中。此外，水藻等某些水生植物反而会因为二氧化碳量的增加而恣意生长。在这种条件下，地球食物链和生态多样性都会受到严重威胁，直至影响人类生命。那么，我们怎样解决呢？那就是减少二氧化碳的排放。

第八章 防晒霜的原理

在海滩上疯玩一天后，你会感到身体灼痛。这是因为你在太阳下待的时间过长，而且没有涂够防晒霜。这样，你只能为自己的错误付出代价。那么，晒伤你的元凶又是谁呢？很显然，元凶就是阳光。

伤人的光线

光是包含不同波长和能量的电磁波。紫外线指的是电磁波谱中波长从 100 ~ 400 纳米辐射的总称，是人眼无法看到的。根据波长的不同，紫外线可以分为：紫外线 A（波长 315 ~ 400 纳米）、紫外线 B（波长 290 ~ 320 纳米）和紫外线 C（波长 100 ~ 290 纳米）。其中紫外线 A 作用最弱，而紫外线 C 作用最强（同时也最具杀伤力）。

幸运的是，大气层可以过滤掉部分紫外线。紫外线 C 可以全部被大气层阻隔，紫外线 B 的大部分也可以被吸收，因此可以不受阻碍直接抵达地球表面的是紫外线 A。

红外线也是一种能够穿越大气层的不可见光。太阳的热量主要是通过红外线传到地球，因此在照射到人体皮肤时，我们可以有热的感觉。需要注意的是，红外线引起的热辐射对皮肤的穿透力超过紫外线，因此很可能会灼伤皮肤。

影响紫外线的因素

对于穿透大气层抵达地球的那部分紫外线来说，其威力大小取决于不同因素（见图 12）。首先，取决于太阳距地平线的高度。这一高度不但在每日的不同时间有变化，在全年的不同季节也有所不同。通常来说，每天的正午时分是紫外线照射最强的时候，在夏季更为强烈。据测算，每天 10：00—14：00 的紫外线照射占全天紫外线的 60%。

另外，纬度也是影响紫外线强度的因素之一。越靠近赤道的地区，接收的紫外线越强。那么高度呢？海拔每升高 1 000 米，紫外线的强度会提升 10 ～ 12 个百分点。

在雪山上时要特别注意，因为雪可以反射 80% 的紫外线。在沙滩上玩耍时也要警惕，沙子可以反射 25% 的紫外线。

那么在水里呢？紫外线的一部分会被水面反射，但另一部分是可以穿透到水下的。在水下半米的地方，紫外线强度会比水面减弱 40%。在有遮挡的阴凉处，紫外线可以被遮挡 50% 左右。此外，还要强调的是，云层是很容易被紫外线穿透的，有 90% 的紫外线可以通过。

紫外线指数

为了便于理解紫外线的危险程度，气象服务组织专门开发了紫

图12　不同地点对紫外线的吸收

外线指数预报服务。紫外线指数是指在一天中，太阳在天空中的位置最高时（一般是在中午前后）到达地面的太阳光线中的紫外线辐射对人体皮肤的可能损伤程度，其等级用数字来标注（见表 2）。紫外线指数分级如下：低（1 ~ 2，可以放心留在户外，不采取措施）；中等（3 ~ 5，外出需戴防护帽或太阳镜）；高（6 ~ 7，外出需戴防护帽或太阳镜，涂防晒霜，并避免在紫外线集中的时段留在户外）；甚高（8 ~ 10，避免在紫外线集中的时段留在户外）；极高（大于 11，尽量避免外出，必须外出时要采取防护措施）。

图示	紫外线强度等级	建议采取的防护措施
	低	无需防护
	中等	需防护：帽子、长衫、太阳镜、防晒霜
	高	需防护：帽子、长衫、太阳镜、防晒霜
	甚高	加强防护：避免在户外停留
	极高	加强防护：避免在户外停留

表2　如何读懂紫外线指数

紫外线对皮肤的伤害

紫外线可以对我们的皮肤构成不同程度的伤害。波长最长的紫外线 A 可以直达皮肤深层，直到结缔组织和微血管，令皮肤失去弹性，皱纹增多，不但会加快人的衰老，而且会增加皮肤癌的发病率。紫外线 B 的波长较短，主要作用于皮肤表层，可以阻断分子间的作用，改变真皮细胞 DNA，皮肤癌的发病率也会随之增加。因此，必须使用防晒霜进行防护。

记得涂上防晒霜

防晒霜的作用是过滤和阻隔有害紫外线，主要是通过无机和有机活性成分起作用。某些有机分子能够吸收紫外线并将其转化为热量，而无机分子（如二氧化钛和氧化锌）则可以反射或弥散紫外线。

涂在身上的防晒霜如同一层保护膜，其保护等级是通过防晒系数来区分的（即 SPF）。不过，对于标注在防晒霜包装上的防晒系数，我们首先要弄清楚数字究竟代表着什么。首先，这里提到的防晒系数是针对紫外线 B 的，因为迄今为止还没有专门针对紫外线 A 的防护等级。在欧洲，如果防晒产品可以用于防护 A 和 B 两种紫外线，则必须在外包装上明确标注。

那么，防晒系数是什么意思呢？防晒系数是指在涂有防晒霜防护的皮肤上产生最小红斑所需的能量，与未加任何防护的皮肤上产生相同程度红斑所需能量之比值，简单来说，它就是皮肤抵挡紫外线的时间倍数。让我们来举个例子。在某一条件下，人在阳光下需要 10 分钟时间晒红皮肤，那么，如果使用系数 15 的防晒霜，理论上讲可以延长 15 倍的时间，也就是在 150 分钟后皮肤才会被晒红（即：10 分钟 × 系数 15）。不过，这只是一个参考系数，因为太阳的灼晒效果不仅取决于皮肤类型，还与很多因素相关，如时间段、气候条件、地理条件，以及人体是否容易出汗等。

另外一个能够帮助我们理解防晒系数的方法，是以过滤掉的紫外线为基础的。系数 15 的防晒霜可以吸收约 93% 的紫外线 B，系数 30 的防晒霜可以吸收 97%。由此可以看出，尽管系数翻了一倍，防护能力提高的非常有限，并没有翻番。因此，系数超过 50 的防晒霜在标注时只会使用 50+。随着系数的增加，防晒效果的提高更加有限，因此过高的数字只能是骗人的。在欧洲市场上出售的防晒产品是禁止使用“全面防护”的字样的，原因很简单：真正的全面防护根本不存在。

晒黑油的原理

晒黑油针对那些希望不用晒太阳就可以拥有古铜肤色的人士而设计。晒黑油中不含防晒成分，因此不能帮助皮肤抵御紫外线。晒黑油的主要成分为二羟基丙酮，也就是人们熟知的 DHA，由碳、氢、氧三种元素组成。晒黑油在被真皮细胞吸收后，可与表皮中的一种蛋白质（即角朊）发生反应，产生黑化的效果（这与自然晒黑的原理是不同的）。通常来说，涂抹晒黑油后几个小时即看到效果，但如果停用，效果会在几天内逐渐消失。科学家认为，为拥有健康的肤色而长时间在户外曝晒的方法，会增加患皮肤癌的风险，因此对于那些希望在冬天也拥有古铜色皮肤的人来说，晒黑油无疑是最好的选择。

眼睛也需要防护

紫外线对眼睛也会造成伤害。沙滩和海水都会反射紫外线，让我们更多地处在紫外线照射之下，因此在海滩上游玩时，最好戴上太阳镜。

即便是多云的天气，也不能疏于防护。紫外线 A 和紫外线 B 对眼睛会造成什么样的危害呢？据世界卫生组织的报告显示，过多暴露在紫外线的照射下，会引发角膜炎、结膜炎、翼状胬肉、白内障和眼肿瘤等眼部疾病。

紫外线的敌人——臭氧

大气层可以过滤掉大部分的紫外线：紫外线 C 被完全阻隔；紫外线 B 中有 90% 可以被吸收；只有紫外线 A 可以照射到地球表面。

那么，具体是什么物质在起作用呢？答案是臭氧，一种由三个氧原子组成的分子机构，存在于距地球表面 20 ~ 40 千米的臭氧层中。威力最强的紫外线 C 产生的高能量辐射可以让氧分子分裂成为两个氧原子，独立的氧原子可以与另外的氧分子结合，生成臭氧。臭氧非常不稳定，在吸收紫外线 B 的时候，可以再度分裂，分裂出来的氧原子继续与其他氧分子结合，从而再度生成臭氧，开始了新的循环，以使臭氧含量保持稳定均衡。在这一循环中，如果遇到由氯、氟、碳组成的化合物（被称为氟氯碳或氢氯氟碳化物）的影响，就会阻碍臭氧的产生，从而减少大气层中的臭氧含量，形成臭氧空洞。

臭氧空洞，特别是极地上空的臭氧层变薄是非常危险的，因为不断减少的臭氧含量会造成更多的紫外线照射到地球表面。为此，1987 年多国签署了《蒙特利尔议定书》，对氟氯碳化合物的生产和使用有了严格的规定，以避免臭氧空洞的进一步扩大，保护臭氧层。

泳衣是用什么材料制成的？

20世纪初，泳衣还仅仅是用羊毛和纯棉制成的简单服装。随着时代的变迁，技术不断发展，泳衣面料也不断在变化。其实，无论是男式泳裤还是女士比基尼，泳衣材质都应该具备下列特点：速干、符合人的形体特征、防晒和防水。

合成纤维是目前公认的最佳面料。最常用的材料是尼龙，即聚酰胺（包含碳、氧、氮和氢），于1935年被首次应用。尼龙的优点是面料轻、耐磨、吸水量小，缺点是在阳光下容易变质。

泳衣面料的一大革新是弹性纤维，也可称氨纶纤维。当然，如果你更习惯的话，也可以用“莱卡”这一常见的名称。氨纶由聚氨酯和聚脲聚合而成，弹性很好。20世纪30—50年代人们发明了氨纶，当时是作为橡胶的替代品，它的缺点是耐久性差。

另一种常用的泳衣面料是聚酯纤维。它比尼龙更轻、更耐久，但不如氨纶纤维的弹性好，舒适度也稍差，但它的最大优势是耐久性强、不会褪色。

泳衣技术的快速发展主要得益于广大厂商之间的技术竞赛。你一定听说过屡创世界纪录的“神奇泳衣”吧？在2009年前，为了找到适合专业游泳运动员的最佳面料，众多厂商投入大笔资金进行科研和实验。仅仅用了几年时间，泳池内已经很难见到普通泳衣的身影了，取而代之的是真正的高科技泳衣。于是，世界纪录被连续刷新。在2008年到2009年的一年间，世界纪录总共被刷新了130次。然而，此类泳衣也引来了很多批评。许多专家认为，高科技泳衣的使用违背了比赛不借助外力的原则。为此，国际游泳联合会在2010

年颁布规定，比赛中禁止使用高科技泳衣。目前，参加正式比赛的男游泳运动员，泳衣不可遮盖脐上和膝下的部位；女性泳衣则不能覆盖颈部、肩膀或低于膝盖，且泳衣的材质要符合国际泳联的相关规定。

那么，神奇的高科技泳衣为什么能帮助运动员大幅提高速度呢？其实原理非常简单：因为它降低水的阻力，提高浮力。比如由速比涛公司研制的“鲨鱼皮”泳衣，由美国著名游泳选手迈克尔·菲尔普斯在2008年首次使用。该材料由尼龙、氨纶和聚氨酯合成而成，并覆盖了一层提高排水性能的纳米粒子，大大减少了水流的摩擦力，使身体周围的水流更高效地流过，提高游泳速度。而且，这种泳衣在制作时还充分利用了仿生学原理，在接缝处模仿人类的肌腱，为运动员向后划水时提供动力。此外，这种泳衣面料内部还充满气泡，可以在水中增加浮力。正是基于上述特点，速比涛公司的产品一经推出，便在参加的所有比赛中拿下了94%的奖牌。毫无疑问，高科技将会在未来创造更多的奇迹。

第九章 在海边能通过呼吸摄入碘吗？

碘是人体的基本元素，对甲状腺的正常功能起着非常重要的作用。甲状腺位于颈部甲状软骨下方，气管两旁，分泌甲状腺激素，即三碘甲状腺氨酸和甲状腺氨酸。如果人体缺乏碘元素，甲状腺的功能会受到损害，无法正常分泌激素。

甲状腺激素通过多种方式影响着我们的生活，包括：改变细胞的新陈代谢（如能量制造和蛋白质合成）；调节人体体温和心跳；促进神经系统的生长。

总之，我们需要碘来保证身体的正常运转。民间有说法，认为在海边可以通过呼吸摄入足够的碘元素，这是真的吗？

空气中有碘

碘具有可溶性。岩层中的碘会与雨水发生反应，流入江河，最终汇入大海。和海水中的氯化钠有所不同，碘会从海水表面蒸发，回到大气层中，最后通过降雨返回地面。在海水蒸发过程中，空气和海风中的碘含量确实高于内陆的空气。

人体确实可以通过呼吸摄入部分碘，不过数量极少。人体每日所需的碘主要还是来源于食物。

碘的摄入

普通成年人每日应摄入约150微克的碘，怀孕的女性为220微克每日，哺乳期女性为290微克每日。碘元素主要来源于食物。不同的蔬菜中的碘含量并不相同，主要取决于蔬菜种植地地表的碘元素含量。

富含碘的食物有海鱼、海藻和贝类。此外，肉、蛋、奶中的碘含量也相当可观。但是，仅仅通过食物摄入的碘还不能保证人体的每日所需，因此使用碘盐作为补充是非常必要的。

碘盐是一种常见的食用盐，富含碘化钾。每千克碘盐中含有30微克碘。请注意，碘盐的食用并非越多越好。我们提倡食用含碘盐，但用量要控制在一定范围内。

碘啊，我多么需要你

如果人体缺乏碘，甲状腺功能就会受到影响。如果碘的摄入方法不正确，甲状腺变大的同时，会吸收血液中的碘用来补足。

这种现象在医学上称为甲状腺肿大，在无法通过食物摄入足够碘的人群中非常常见（如山区，因为那里很难吃到海鲜）。

碘从某种程度上还决定着我们是否聪明。碘对中枢神经系统和周围神经系统的发育和生长非常重要，碘缺乏会造成大脑发育迟缓。对于孕期和哺乳期女性来说，碘更为重要。如果女性在孕期没有摄入足够的碘，生下的孩子就有甲状腺功能减退的危险，造成智力发育迟缓。碘对未成年儿童同样重要，因此，要注意保证孩子摄入适量的碘。

第十章 假如被水母蜇伤

水母是一种奇特的动物：通体透明，没有骨骼，也没有大脑。如果在海里被水母蜇到，人的第一反应往往是去触碰它，但这其实是很危险的，即便水母已经死亡了也不要这么做。水母的触手一旦张开，上面布满的刺细胞会对猎物射出毒液。至于结果，只能取决于水母的种类。有些水母是无毒的，有些的毒性则是致命的。还好，意大利所在的地中海区域中的水母并不十分危险，但一旦被蛰，还是会有刺痛，且会导致皮肤发炎。那么，如果不幸被水母蜇伤，该怎么应对呢？据说尿液能够治疗水母蜇伤，是真的吗？

不，尿液可不行！

1997 年出品的美国电视连续剧《老友记》中有这样一段内容：莫妮卡在海边被水母蜇伤，情急之下乔伊记起探索频道的一部纪录片，曾推荐了一个最简单的止痛方法——冲着伤口撒尿。因为尿液中含氨，莫妮卡立刻觉得好多了。然而，这种办法事实上是缺乏科学依据的，不但过程令人尴尬，搞不好的话还会造成伤口恶化。

水母的毒素一旦进入皮肤，就会引起皮肤发红、发炎、肿胀、起水泡或者囊肿。伤口处会感觉灼痛和发痒，非常难受。毒素中含有一种蛋白质混合物，不仅能够造成皮肤局部发炎，如果进入血液循环系统，还会影响心脏，引起全身过敏。

那么，在被水母蜇伤的时候具体该如何应对呢？首先，在确定没有生命危险的前提下，可以试图挪开附着在皮肤上的触手。每个触手中都含有成千上万个小的刺细胞，也就是刺针，刺针内部有毒液和呈盘绕状的神经毒丝。刺针如果受到碰触，内部压力会增加，毒丝如同钳子一般向外伸展，穿透皮肤并将毒液射出。在动物世界中，水母在面对外界攻击的反应速度可谓是最快的。另外，这种应激反应结构与神经系统并无关联，因此，哪怕是离开了水母身体的触手，或者是已死亡的水母，依然具有危险性。所以，遭到水母蜇伤时，一定要小心挪移，以免它再次射出毒素。其实，最简单的方法就是先用海水冲洗伤口，然后用钳子小心地将水母触手从皮肤上移开，如果找不到钳子，也可用硬塑料片将其刮离。请注意，使用海水是非常必要的，因为海水中的盐分可以降低毒性；相反，淡水则会促进表皮上的毒液加速进入体内，症状加剧。

不过，不同的水母毒素性质不同，所以，对抗水母蜇伤的方法也取决于水母的种类。意大利和美国科学家在 2013 年发表在《海洋药物》杂志上的研究报告表明，最理想的应对方法包括止痛药（口服或局部外用）、碳酸氢盐（即俗称的小苏打）、热水、冰等，或者针对某些种类的水母也可以用醋。如果遇到的不是热带水母（也就是不致命的），那么最需要解决的问题就是疼痛。此时可以用海水冲洗伤口，然后用冰袋敷住伤口，减缓毒素的扩散，同时也可以起到止痛的作用。如果遇到的是僧帽水母（也称葡萄牙军舰水母），那么最好用 40℃的热水冲洗 20 分钟。

水母只是一个进化阶段

水母的透明伞状外形非常漂亮迷人，但也是令人恐惧的。作为古老的无脊椎食肉动物，水母没有骨骼，却有着非常复杂的神经系统。水母已经有至少 5 亿年的历史，是腔肠类动物，珊瑚和海葵都属于这一科。不过，在腔肠类动物中，只有大约 100 种动物能够对人类造成伤害。通常被我们称为水母的动物其实也有很多不同的科目，如立方水母纲、钵水母纲、十字水母纲等。据统计，水母的种类有数千种之多。最令人惊奇的是，水母其实只是复杂的生命循环体系中的一个进化阶段。

让我们先从解剖学角度来分析。水母的外形呈伞状，直径从数毫米到两米不等。体壁包围的部分是胃循环腔，这里是水母消灭猎物（如浮游生物、小鱼、蛋和其他水母等）和吸收营养的主要场所。在胃循环腔下面有一个洞，即口，同时也是肛门。伞形身体的下方是触手，不同种类的水母触手的数量也不同，长度也从数毫米到数十米不等。

在生物学中，水母是典型的辐射对称动物，其身体结构围绕中轴呈放射状向外延展。我们人类则是典型的两侧对称（脊椎将我们的身体分为左右对称的两个部分）。在不透明时，水母可呈白色、黄色、紫色或蓝色。

水母在海洋中的活动十分缓慢，能让人看得昏昏欲睡。通过收缩和延展伞状体，水母会将海水聚拢到身下，轻轻地波动起伏。水母的神经系统是一个布满整个身体且相互连接的神经网，既无脑也无脊椎。它能感知刺激，并产生应激反应，也会捕捉食物，不过，它的常规动作还是在海里张合飘动。

水母的机体构造尽管十分简单，但它的生命循环却是非常古怪的。在海中常见的水母其实是两种，一种是水母成体，一种是水螅体。水母为雌雄异体动物，其繁殖方式包括有性繁殖和无性繁殖。

让我们先来看看有性繁殖。雄性水母将精子排到水中，精子被雌性水母吸收后，在其体内形成受精卵。受精卵发育成幼虫后离开母体，在水里游动一会儿后，沉下海底形成幼体，后变成水螅体。水螅体呈圆柱体，有触手，在身体上部有一个洞（其实是一个倒转的水母）。从这时起便是无性繁殖过程：水螅体会分裂成多个碟状幼体，这些幼体在水里游动，直到最终发育成水母成体。由此循环往复，生命得以延续。

世界上的水母

水母种类繁多，粗略计算也有几千种，而且每年科学家们都会有新的发现。现在就让我们去海里转一圈，看看哪些水母是最常见的。首先是海月水母。海月水母的伞径一般在 20 ~ 40 厘米之间。水母体是透明的，可以看到其体内有四条明显的马蹄状生殖腺。海月水母多生活在大西洋、太平洋和印度洋中，偶尔会在地中海出现。

由于这种水母的触手活动有限，刺针无法抵达人类皮肤，因此对人无害。

世界上最致命的水母主要分布在东南亚和澳大利亚北部海域，被称为方水母，因其外形微方而得名。方水母伞径约 25 厘米，触手长度可达 3 米。这种水母的游动速度极快，拥有水母中最为复杂的神经系统，甚至还有眼睛和视网膜。它的毒性是致命的，因此一旦发现，千万不要靠近。

另外一种毒性较高的水母是紫水母，也称发光水母，常见于东大西洋、北海以及地中海水域。紫水母呈棕红色或紫红色的半透明状，伞径约 10 厘米，触手长度可达 2 米，毒性很强。紫水母、罗盘水母和地中海水母是地中海海域危险性最大的水母种类，但并不足以致命。此外，这种水母因为在黑暗处会发光，因此也被称为发光水母。

人类熟知的十分危险的水母还有僧帽水母。其实僧帽水母并不是真正的水母，而是一个包含四种不同的水螅体且水螅体之间相互紧扣和支撑的群落。因其囊状部分酷似 16 世纪的葡萄牙战舰，也称为葡萄牙军舰水母。僧帽水母的特别之处在于两侧对称的，依靠一个长度约 15 厘米的大浮囊体在水中漂浮，其触手最长可达 50 米。这种水母呈蓝、紫、红或淡紫色半透明状，常见于热带和亚热带海域。在个别情况下，僧帽水母蜇人后可以致人死亡。

汞的危害

能吃到美味的海鲜是很多人选择去海边度假的原因之一。不过，如果吃得过多，也有可能出现问题。海鲜中往往含有砷、镉、铅等重金属，不过最危险的还是要数被古希腊人称为水银的汞。也许有人有过打碎温度计的经历。温度计中的汞珠尽管看起来无害，但其实它不但有毒性，而且很难控制（因此千万不要用手触碰破裂的温度计）。汞的元素符号为Hg，是一种存在于地壳中的化学元素。煤炭燃烧、石油提纯、煤矿开采等工业活动是造成汞在大气中含量增加的主要原因。这些汞随后又会随着鱼虾等海鲜回到人们的餐桌上。汞在常温下即可蒸发到空气中，也有可能流入江河，随后汇入大海，在那里成为甲基汞，并被细菌、藻类、浮游生物和鱼类所吸收。汞的代谢需要很长时间，因此会在动物或植物体内堆积，含量不断增加。让我们来举个例子。一条小鱼经常进食富含汞元素的水藻，之后它被一条更大的鱼吃掉了。这条大鱼后来被渔民捕捞上岸，成了人们餐桌上的一道美食……诸如此类的情况不断发生，造成人类食物链中的汞元素含量不断增加，这就是科学家们所说的生物放大作用。这也是为什么渔民身体中的汞含量往往比其他人要多的原因。汞含量较高的鱼类有鲨鱼、箭鱼、鲭鱼、金枪鱼，而三文鱼和虾中的汞含量则较低。汞中毒的主要症状有感官系统异常（视觉、听觉、触觉）、行动失衡、语言含混等。除了影响脑部神经外，汞还有损于肾脏和肺部。因此，应该避免食用汞含量过多的鱼类，少吃或不吃汞含量极高的鱼类。处在孕期或哺乳期的女性和儿童更要小心，因为过多的汞进入血液，会影响孩子的神经系统发育，造成智力发育迟缓。

近几十年来，汞污染已经成为严重的环境问题。根据联合国环境规划署 2013 年发布的《全球汞评估报告》，人类活动已为地球制造出 1960 吨的汞，其中亚洲最为最严重，占总量的 50%。为此，联合国环境规划署通过了《水俣公约》。水俣是日本的一个城市，在 1932 年到 1968 年之间，由于该地一家化工企业向海水中大量排放甲基汞，造成数千人死亡。公约以此为名以示纪念和警醒。该公约旨在全球范围内控制和减少汞排放，内容包括：在 2020 年前废止水银温度计；加入公约的国家在签约后的 15 年内停止在采矿业使用汞；在 2018—2025 年间在某些化工企业中限制汞的使用。共有 94 个国家和地区签署了该条约，其中包括美国、中国、意大利等，但俄罗斯、印度等大国并没有加入。

第十一章
大理石般坚硬的贝壳

贝壳是生活在水边的一些软体动物的外套膜。有些沙滩上满是贝壳，仔细观察的话，可以发现它们不但种类繁多，而且形态各异。有些贝壳已经破裂或者褪色，但其坚硬程度还是不可小看。此外，贝壳看上去像是根据精确计算后雕琢出来的一般，为什么会如此规则呢？那么，究竟是哪个聪明的动物制造了贝壳呢？

贝壳的建造者

贝壳的主要成分是碳酸钙，是一种源于碳酸的盐，溶于水。它是地球上的常见物质，存在于大理石、石膏和石灰中。

如果我们说某处的水质很硬，指的就是水中的碳酸钙含量很高，水分蒸发后会留下大量的水垢。有些水生动物能够产生碳酸钙，形成腹足纲动物的螺旋状外壳（如海螺和蜗牛），或者形成瓣鳃纲动物的双外壳（如蛤蜊和牡蛎）。

水生软体动物本身都是无脊椎的，因此其体内并无可以起支撑作用的骨骼，但有些动物在进化过程中，其体表会形成一种骨骼，称为外骨骼。

某些软体动物，如章鱼和乌贼都拥有一种向外延伸成鳍的外套膜，类似于一种古老的外骨骼。

人们常说的贝壳 95% 的成分是碳酸钙，其余 5% 是被称为贝壳硬蛋白的有机分子组合。水生软体动物的外套膜中有一种特殊的腺细胞，其分泌液中包含了这两种成分形成保护身体柔软部分的钙化物，即贝壳。

贝壳中的建筑学

从结构上看，贝壳可分为三层（见图 13）。最外层为角质层，是一层薄薄的硬蛋白有机膜，富有弹性。在刚刚冲到沙滩上的贝壳中，可以很容易地辨识出角质层：如果贝壳表面有部分被刮擦过，可以很清晰地看到刮痕两侧的颜色不同，颜色更深的一边即是角质层。在角质层之下是中层，也叫棱柱层，由棱柱状的方解石（碳酸钙的一种形式）晶体组成，内含贝壳硬蛋白。最内层是底层，也称霰石层，是由霰石的叶片状晶体交叠而成。部分水生软体动物的这一层也被称为珍珠母。

正是有了中层和底层，贝壳才能更有耐久性和高坚固度。

为形成贝壳，软体动物需要一个复杂的细胞工程体系。首先，要有一个封闭的空间，用于存储制造贝壳所需的成分。角质层的存在正好可以将外部环境隔离开来，创造出腔体这个封闭空间。对于方解石层和霰石层来说，则需要依赖一个支柱以便能够形成石灰结构。其实这一过程类似于常见的钢筋混凝土结构，内部有一根钢筋作为支撑，周围覆盖混凝土。说到贝壳，钢筋就相当于套膜分泌出

A)

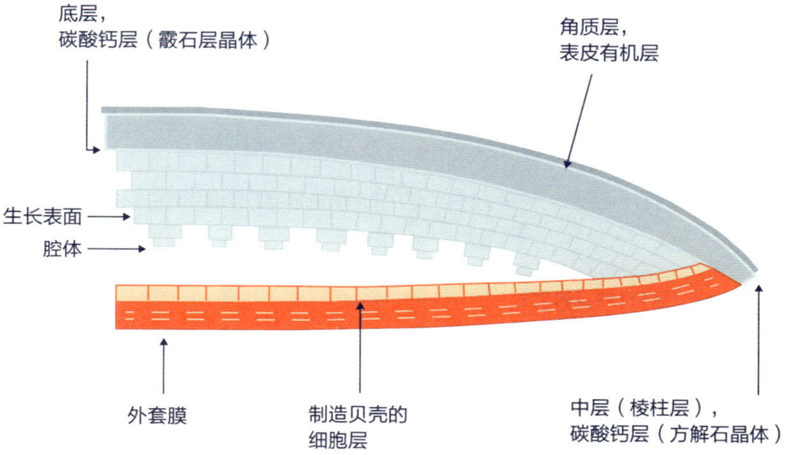

B)

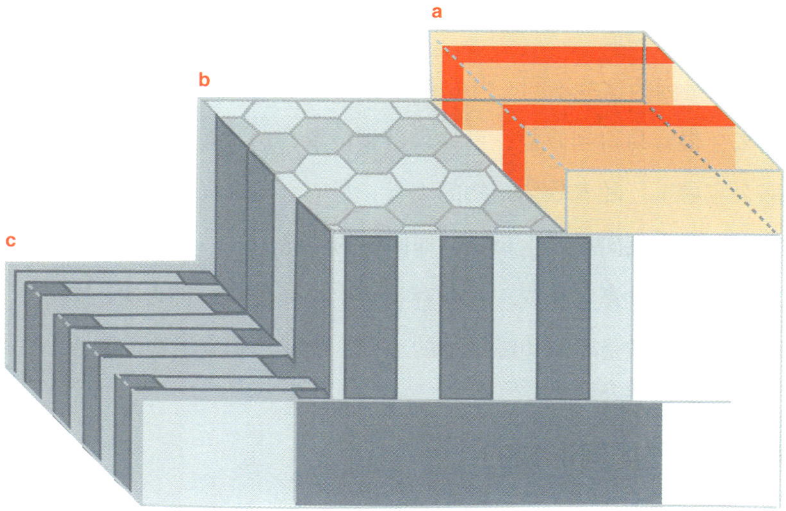

a. 上层，有机层
b. 中层，由方解石晶体组成
c. 底层，由霰石晶体组成

图13 贝壳的构造

的贝壳硬蛋白，而混凝土则相当于碳酸钙。

软体动物通过呼吸和饮食从外部摄入碳酸钙，然后将其纳入血液循环系统，最后聚集于外套膜中，准备释放出去以制造贝壳。随着腹腔内碳酸钙的不断聚集，一种被称为结晶的过程开始发生作用，碳酸钙从液态自行转化为晶体，然后渐渐地围绕着中心凝结核，整齐地排列在一起。这个过程与雪的结晶体的形成非常类似。

如果贝壳破裂

上述三层结构的形成都依赖外套膜的分泌，但分泌位置并不相同。其中最外层和中层是由外套膜边缘分泌的硬蛋白素和棱柱状方解石晶体构成，而最内部的底层则是由外套膜整个表面分泌的叶片状霰石晶体构成。

正是因为这些不同，当贝壳发生破裂时，如果破裂位置在边缘，那么会很容易得到修复；可如果破裂位置离边缘较远，其重建就不那么容易了。随着软体动物的生长，贝壳会逐渐向上和向外伸展扩大，在贝壳表面形成生长线，如同树的年轮一样。

了解了贝壳生长线，就很容易猜出贝壳的哪一部分更古老了，具体来说，就是距离边缘最远的地方，也就是螺旋结构的起点。

珍珠是如何形成的

珍珠的形成过程和贝壳十分相似，都是由同一种物质——碳酸钙构成的，是由某些软体动物分泌的文石晶体一层层集合而成的。可是，为什么蚌会创造出这种圆形的物体，而不是继续去强化自己的外壳呢？这是因为蚌的外套膜受到细小的异物刺激（如寄生虫或破碎的外壳颗粒等），异物进入了腔体。为了抵御这种外来刺激，软体动物分泌文石晶体，将异物层层裹起来，多年后就形成了我们见到的珍珠。珍珠是大自然中的罕见之物，浑圆完美的珍珠更是难得一见。为了获得更多的珍珠，人类开始根据这一原理，使用人工方法将外套膜的细胞小片植入蚌的外套膜组织中培养，进行人工养殖珍珠。

贝壳与分形理论

何为分形理论？根据率先提出此概念的美国数学家本华·曼德博的解释，分形指的是部分与整体以某种方式相似的形体。

也就是说，当从近处或者从远处看某个物体时，我们基本意识不到它们之间是否有区别。如果我们找一个鹦鹉螺，它拥有直径约为 20 厘米的螺旋形外壳，上面的螺旋线是从中心点开始根据几何级数向外生长的。如果我们从远处或者近处观察它，会发现它的形状是相似的。大自然中还有很多类似的例子，比如菜花、银河系、气旋等。

为什么贝壳里有大海的声音？

找一个螺旋形贝壳，试着将开口的一面靠近耳朵，你会惊奇地发现从里面能听到大海的声音！这对孩子来说简直是奇妙的体验。可是，贝壳里真的有大海的声音吗？答案是否定的。其实这只是一个简单的物理问题。你从贝壳里听到的其实只是环境噪声，因为空气中的所有声波（这些声波或是频率太低，或是没有引起人的注意）都进入了贝壳中。有些频率被放大，传到人耳。即便你远离海边也是一样的。吉他音箱也是同样的道理：位于琴弦后方的木质空箱体的作用就是收集和放大声波。贝壳的盘旋结构同样如此（见图 14）。如果你还是半信半疑，我们不妨做个实验：两手合起呈筒状放在耳边，不是也能听到大海的声音吗？

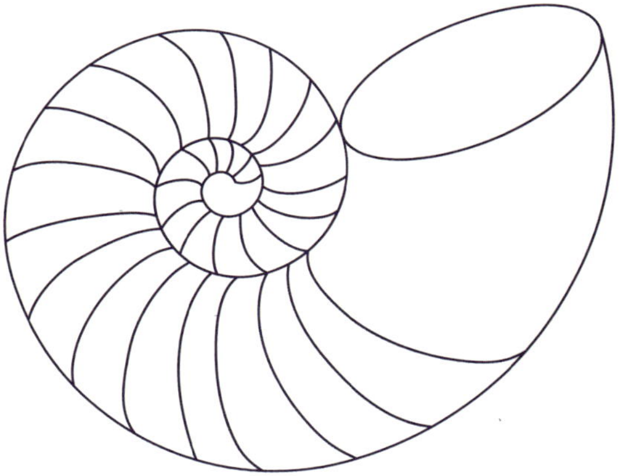

图14　鹦鹉螺的螺旋形贝壳

生物学

第十二章 为什么海水不能喝?

海上风雨大作，船被风浪打翻，落水者只能抓住身边的漂浮物，等待救援。这是我们经常在书和电影中看到的情景。尽管海水又咸又涩，落水者有时还是会冒险喝下海水，以为这样可以活命。殊不知，这才是更危险的，甚至有生命危险。那么，为什么我们的身体对海水会有这样的反应呢?

平衡问题

正常的饮食中，人体完全可以吸收氯化钠。构成氯化钠的氯和钠也是人体必需的元素。可是，当人体摄入过多海水时，带来的后果却是致命的，问题就出在氯化钠浓度上。通常来说，海水的含盐量是 3.5%，而我们人体血液中的含盐量一般维持在 0.9% 左右。血液中的盐分是维持血液中营养元素流通的重要保障。人体中合理的水盐平衡与钾元素和钙元素含量也有关系，必须依靠所有器官的良好运转来实现。消化多余盐分的最简单方法就是通过肾脏产生的尿液将其排出体外。但如果盐分含量过高，身体机能就会受到影响。

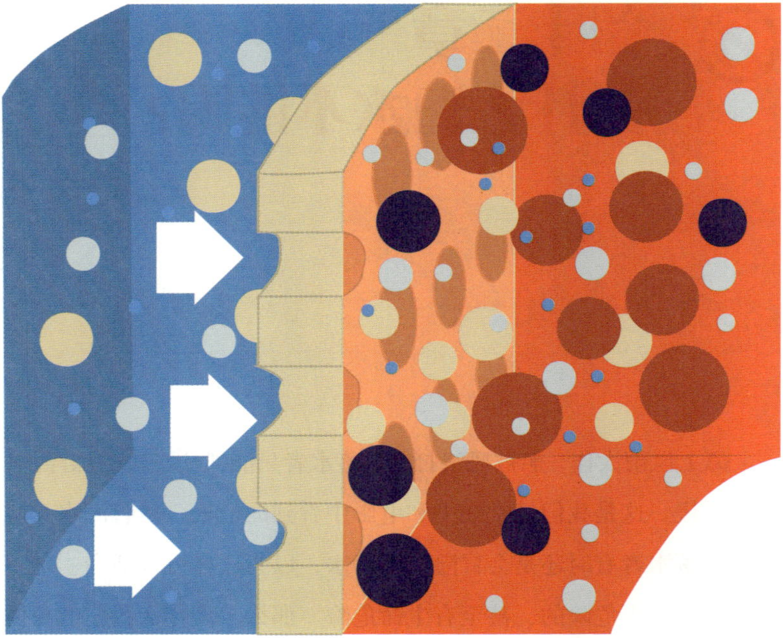

图15　渗透作用：细胞的半渗透性外膜是如何工作的

人体的所有细胞都有细胞膜包裹，这是一种半渗透性的膜，起过滤作用，能够让部分细胞分子通过，阻隔另一部分细胞分子（见图 15）。比如，氯化钠是无法通过细胞膜的，而水分子却可以自由通过。细胞膜的半渗透性自然会影响到细胞内外各种元素的扩散，因为细胞内外的环境总是在试图寻找到平衡点，也就是说，不论是在细胞内还是在细胞外，水盐比例都会向着一致的浓度努力。然而，盐分会被阻隔在细胞之外，但水分却可以通过细胞膜随意进出。为更好地理解这个道理，我们可以举一个简单的例子：将一个干瘪的葡萄干放进装着水的杯中，葡萄干吸收水分后会膨胀，体积变大。同样的情形也会发生在人体内部。当细胞外环境相对少盐时，细胞会持续吸收水分，直到内外含盐量达到一致；相反，如果细胞外环境相对多盐时，细胞就会失去水分从而变干。这个原理被称为渗透作用。

那么，当我们喝下海水的时候会发生什么呢？聚集在人体血液中的盐分需要细胞中的水分进行补充，而肾脏的功能是过滤和排出多余的盐分。遗憾的是，即便人的尿液的含盐量达到最高，也大大低于海水的含盐量。这个时候，为了能够保持体内的水盐平衡，肾脏在制造尿液时就需要消耗比平时更多的水分，引起身体脱水，主要表现为：血液流动变缓，口干口渴和抽筋情况。此时，为了使身体各器官能够正常摄入氧气以保持正常功能，心跳就会加速，同时血管收缩。这时候如果不补充足够的淡水，而是继续喝下海水，人体将无法承受，肾脏衰竭，出现恶心、虚脱等状况。如果持续脱水，将导致昏迷甚至危及生命。不过你不必太担心，如果只是在海边不小心呛了一口海水的话，是不会有什么危险的。

喝海水的鱼

水中的生物也同样需要保持机体的稳态平衡。

我们先来看看鲷鱼。鲷鱼体内的含盐量小于海水含盐量（此为高渗环境）。由于渗透作用，它体内的水分会大量流失，为此，它不得不依靠大量摄入海水以补水，不过，它体内的盐含量同时也会由此增高。为了将这些盐分排出体外，鲷鱼一方面依靠鳃的呼吸，另一方面则依靠能够制造高盐度尿液的肾脏进行排泄。

和鲷鱼有所不同的是，在淡水中生长的鱼类，其体内的含盐量要高于它所在的水环境中的含盐量（此为低渗环境）。为了能留住体内的水分，淡水鱼会被动地通过其表皮组织的渗透作用大量吸收水分，同时在呼吸时也会少量摄入水分，同时它摄入盐分的途径则是食物和鱼鳃。为排除体内多余的水分，淡水鱼依靠肾脏制造大量尿液，但尿液的含盐量很低。

那么海洋哺乳动物的情况又是怎样的呢？比如鲸和海豚等动物，看起来会经常大量喝下海水，但它们依然能够健康地生活在海洋里。这是为什么呢？答案就在它们的肾脏。这些动物的肾脏能够制造含盐量很高的尿液，更容易将体内多余的盐分排出，因此自然也就不会有脱水的问题了。

第十三章
饭后能马上下水游泳吗?

在海边的时候，父母经常这样告诫孩子：“饭后至少要等三个小时才可以下水，否则会被淹死的。”那么，这究竟是父母的大惊小怪，还是真有原因的呢?

肌肉、水和消化

事实上，父母的担心并没有科学根据，甚至有些科学家并不赞同父母的观点。这其实是一个和生理学相关的问题。在这种情况下，增加溺水风险的原因可能有两个：一个是抽筋，一个是胃痉挛。

让我们先来了解一下相关的消化常识。消化过程中，大部分的血液和氧气会流向胃肠，小部分则对大脑和四肢进行补充。如果此时下水游泳，会增加肌肉对能量的消耗，使得肌肉必须通过燃烧体内的大量氧气以保持运转。然而，由于缺乏血液，肌肉无法正常工作，就会出现抽筋，影响人在水下的活动，造成溺水。

另一个原因是胃痉挛。在沙滩上晒过太阳后马上入水，水温和体温的温度差是造成胃痉挛的主要原因。由于海水的温度要低于人体温度，如果人没有经过准备活动就贸然下水，温度差会影响胃的蠕动，造成胃痉挛，出现呕吐、血压下降甚至昏迷。为避免此类问题的出现，饭后下水的时候一定要小心谨慎，最好先站在浅滩处用海水浸湿双腿、双臂、身体和头部，待身体逐渐适应海水温度后再开始尽情畅游。

正如前面所讲，科学家们并没有特别关注过这一问题。在 2004 年世界卫生组织公布的全球 38.8 万例溺水死亡案例中，被提及的原因主要是醉酒、危险行为和游泳技术不足。不过，在海边的时候，我们要特别注意年龄在 5 岁以下的儿童。数据表明，他们是溺水死亡人群中占比最高的群体。

无论如何，为了安全起见，最好还是避免饭后马上下水游泳。那么，消化过程一般需要多久呢？哪些食物是最难消化的呢？

食物的消化过程

消化是指人体器官将食物变成可被机体吸收的养料的过程。我们的消化道包括口、食道、胃和肠。此外，唾液腺、肝脏和胰脏也通过分泌消化液帮助人体进行消化。在这个过程中，碳水化合物、类脂化合物和蛋白质会被分解，然后被血液吸收。

简单来说，食物进入口腔后，先经过唾液淀粉酶的作用被分解为淀粉；然后在胃里经过胃液的作用被分解为蛋白质。根据食物种类不同，这一消化过程平均需要 2 ～ 4 小时。其中，碳水化合物所需时间最短，其次是蛋白质，最后是脂肪（见图 16）。

食物抵达狭窄的肠道后，由肝脏分泌的胆汁、胰脏分泌的胰液和肠道分泌的肠液会继续对残留的淀粉和其他碳水化合物、蛋白质

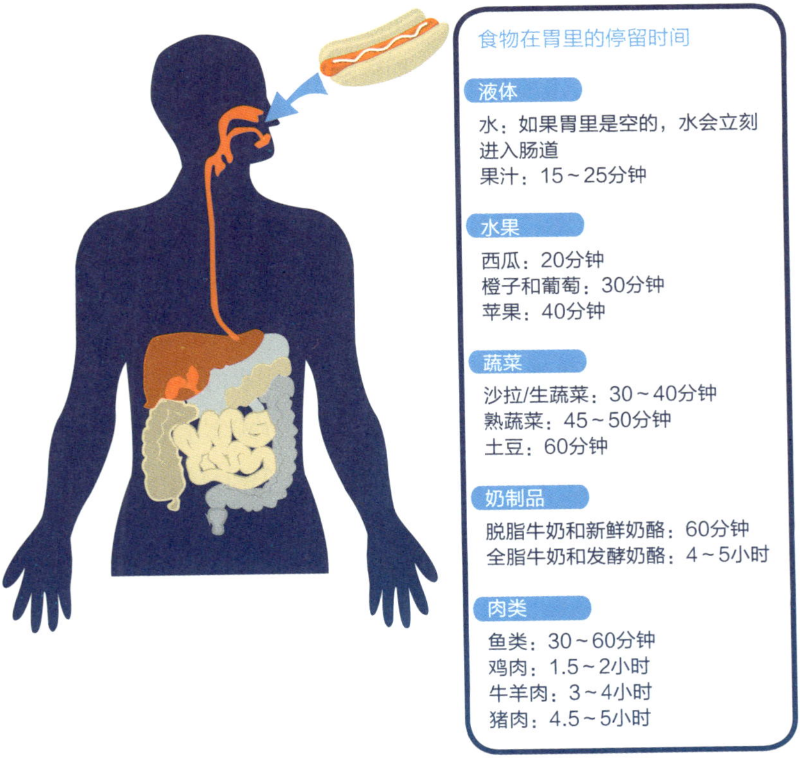

图16　食物的消化

和脂肪颗粒进行消化分解。分解出的营养成分会被肠绒毛所吸收。这个时候，距离我们吞下食物已有 6 ～ 8 小时。最后，大肠吸收食物残渣中的水分。食物残渣则会形成粪便，在饭后约 40 小时后最终经肛门排出。

溺水意味着什么？

溺水是个很恐怖的词。只要一想到会因为在水中缺氧而溺水身亡，我们都会吓得双腿发抖。对于人在水下可能遇到的这种情况，专家们认为可以分为两种情形，即危险和真正的溺水。第一种情况下，人会意识到危险正在来临，因此会试图引起他人注意以寻求帮助；第二种情况下，人已经开始下沉和呛水，身体会出现应激反应，已无法寻求他人帮助。溺水也有被动和主动之分：被动溺水是指遇到特殊状况，如受伤、事故或晕厥；主动溺水则是指人无法保持漂浮状态。

电影或电视剧里常有这样的镜头：即将溺水的人在海里大喊大叫，挥着胳膊，寻求帮助。然而，这一过程在现实生活中是十分迅速和安静的。据统计，人在溺水之前的挣扎大约只能持续 20 ~ 70 秒的时间。在这个时候做出的动作都是出于本能的，目的是为了能呼吸到空气。这个时候，人的双臂会使劲向两侧挥舞，以让身体浮出水面，头部尽可能向后仰，以免呛水。在没有经验的人看来，人似乎在朝某个方向游泳，或者只是在玩水，但却无法移动。

人体在溺水时会有什么反应呢？人在试图呼吸时，水会进入咽喉，引起喉痉挛导致窒息，以致呼吸道完全受阻，造成窒息死亡。这种情况被称为干性淹溺。

人淹没于水中，本能地引起反应性屏气，避免水进入呼吸道。但由于缺氧，不能坚持屏气而被迫深呼吸，从而使大量水进入呼吸道和肺泡，阻滞气体交换，引起全身缺氧和二氧化碳含量增加，呼吸道内的水会迅速经肺泡吸收，进入到血液循环，造成死亡。这种情况被称为湿性淹溺。

如果水进入肺部，会引发很多问题。如果吸入的是海水，在渗透作用的影响下，呼吸器官的血液中水分含量急剧下降，会引发急性肺水肿，导致死亡。如果吸入的是淡水，血液会被稀释，血液中的红细胞遭到破坏，循环系统的化学平衡失调，从而引发心室颤动或心脏骤停。长时间的缺氧则会损害大脑脆弱的平衡，甚至导致脑死亡。

泡在水中的手指为何会发皱？

在海中畅游后，或者仅仅是在洗了一个热水澡之后，你也许会发现自己的手指和脚趾都出现了发皱的情况。科学家很早就注意到了这个现象，对此进行了研究，并提出了多种假设。那么，这到底是为什么呢？

最为流行的解释与人体的皮肤结构有关。我们的皮肤是多层的，各层的特点不同。位于最下层的皮下组织含有脂肪、结缔组织、神经和较大的血管；中间的真皮层有神经、毛细血管、结缔组织和汗腺等；最后是位于最上面的表皮层，这里有丰富的神经末梢，通过其本身的五个层次（即基底层、棘层、颗粒层、透明层和角质层）避免皮肤组织中的水分蒸发和保护真皮层。

根据目前最为可信的解释，长时间泡在水中时，表皮层中的角质层会大量吸收水分子。细胞吸水膨胀后体积增加，会附着并挤压下层细胞。不过，角质层内不仅有角质细胞，细胞间还有薄片状的脂质，脂质会阻挡水分的通过。所以，就膨胀程度而言，经水泡的皮肤外层一定大于内层部，细胞之间相互挤压。当空间不足时，自然就会起皱。那么，为什么这种情况只发生在手脚部位呢？那是因为这两个部位的皮肤角质层比身体其他部位的角质层都要厚。

不过，如果你看到1935年刊登在《医学科学》杂志上的一篇文章的话，就会对上述解释产生疑问。文章的作者是两位科学家，他们找来一位胳膊神经受损的年轻人，让他把受损的手臂浸入水中做了一个实验。实验结果表明，他的手指有的起皱，有的却没有。由此科学家认为，引发起皱现象的原因应该与神经有关，而非结构性的。1977年，英国科学家重复了这一实验，并将结果刊登在了《英国医学杂志》上。在他们看来，皮肤起皱现象可以用来检测自主神经系统的疾病。自那以后，持这一观点的科学家也越来越多。

那么，神经元在这里起着怎样的作用呢？支持这一观点的科学家认为，手指起皱是因为真皮层的血管和毛细血管收缩（这一过程被称为血管收缩）。收缩后的真皮层细胞体积缩小，就要求位于上层的表皮细胞来补充，使这些部位的血流量下降，导致皮肤的紧张性降低，产生褶皱。科学家们认为，这是人体在吸收水分时由自主神经系统控制的无意识反应。

此外，还有一批科学家提出了一种更新的解释。2013年，英国纽卡斯尔大学的研究小组在《生物信件》杂志上发表论文，认为手指和脚趾之所以发皱，是为了增加与水面的附着力。为了证明此观点，他们利用干燥的手和湿润的手做了多次手指控制力实验。实验结果显示，与干燥的双手相比，在水中浸泡过并已经起皱的手指抓起物体的速度要更快。

这三种解释究竟哪个是最有科学依据的，到目前还很难判断。

第十四章 关于晒黑的知识

人类与阳光的对抗一直在持续。不过，说起来容易做起来难。要知道，晒黑的过程其实是皮肤通过黑色素来抵御太阳光照射的一种方式。

照射到人体上的紫外线是有害的，不正确或长时间暴露在紫外线下，就会患皮肤癌，因此晒太阳时抹上防晒霜是十分必要的。

亲爱的朋友——黑色素

人之所以会被晒黑，是因为表皮最下层（即基底层）含有一种特殊的细胞——黑色素细胞（见图 17）。

黑色素细胞的主要作用是制造黑色素。黑色素是一种生物色素，其实也是一种蛋白质，它不仅决定着我们的皮肤颜色，也决定着虹膜和人体毛发的颜色。此外，当人体受到紫外线照射时，黑色素还会从中吸收能量。黑色素细胞存在于人的体内，如同一道天然屏障保护着我们的皮肤。通常来说，皮肤颜色越深，抵御阳光的能力就越强。

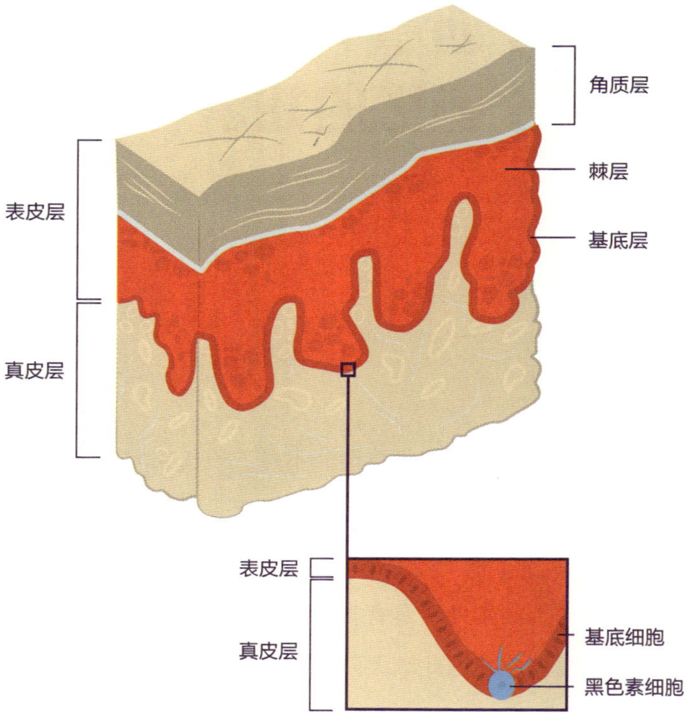

图17　皮肤的构成

不过，这道屏障并不能替代防晒霜。当暴露在阳光下时，根据紫外线强度的不同，皮肤应对的方式也有区别。当紫外线 A（即危险性最弱的紫外线）照射到黑色素细胞后，细胞会发生一系列氧化反应，最终生成黑色素，使皮肤在短时间内变黑。这种情况肉眼可见，但起到的保护作用非常薄弱，仍不足以应对阳光的危害。

而当紫外线 B 照射到黑色素细胞时，细胞会产生大量的黑色素。在这种情况下，皮肤的反应将是一个比较缓慢的过程，可能需要几天才能提高这道天然屏障的工作效率。

各种颜色的皮肤

每个人都有自己的肤色。有的皮肤是黄褐色的，有的皮肤则白如牛奶。有人很容易晒黑，而有人则很抗晒。此外，高加索人和美国黑人的肤色也是很特别的。这种区别取决于表皮层中黑色素的数量。每个人体内的黑色素细胞数量都是基本不变的，并且都能制造黑色素。对于有些人来说，每平方厘米的表皮层中所含的黑色素细胞可超过 2 000 个。

人体毛发的颜色主要取决于两种黑色素：真黑色素和类黑色素。真黑色素呈黑色或棕色，类黑色素呈黄色或红色。两种黑色素的相对含量决定了毛发的颜色。真黑色素的含量占优势时，头发为黑色或棕色；类黑色素的含量占优势时，头发为红色。那么金发呢？对金发的人来说，则是二者的结合。

1975 年，哈佛大学的皮肤学专家托马斯·费兹帕特里克根据皮肤颜色对日光照射后产生的晒黑和灼伤等反应特点，将皮肤分为以下几种类型：

- Ⅰ型：肤色很浅，有雀斑，头发呈金色或红色，眼睛颜色较浅。此类人群对阳光的照射极其敏感，极易被灼伤，不易被晒黑。建议此类人群避免直接暴露在阳光下，并使用高倍数的防晒霜。
- Ⅱ型：肤色和眼睛颜色都很浅，常有雀斑，头发为金色或浅栗色。此类人群易被灼伤，很难被晒黑。建议此类人群最好用高倍数的防晒霜，并在太阳直射时采取防护。
- Ⅲ型：最主要的特点是头发为栗色，眼睛颜色很浅或呈棕褐色，皮肤为浅棕色。此类人群有时会被灼伤，有时很容易被晒黑。建议此类人群使用中高倍的防晒霜。

- Ⅳ型：头发颜色为深栗色或黑色，眼睛颜色较深，皮肤为黄褐色或深色。此类人群易被灼伤，易被晒黑。建议此类人群经常使用中高倍数的防晒霜。
- Ⅴ型：头发颜色为黑色，眼睛颜色较深，皮肤为棕色或黄褐色。此类人群易被晒黑。建议此类人群使用中度倍数的防晒霜。
- Ⅵ型：头发颜色和眼睛颜色都较深，皮肤为黑色。此类人群很难被灼伤。建议此类人群使用中度倍数的防晒霜即可。

何为灼伤?

如果被阳光灼伤，说明没有用足够的防晒霜做好防护，皮肤中的黑色素无法吸收所有紫外线。实际上，灼伤是皮肤对细胞中的脱氧核糖核酸（DNA）受损所做出的反应。

在某些情况下，这种细胞受损（或改变）是可修复的。不过，在某些情况下，细胞则会死亡或转化为癌细胞。

面对灼伤，皮肤细胞会马上“拉响警报”：在日晒2小时后，皮肤表面会出现红斑、水肿和水疱；6小时后以及未来48小时内疼痛感会加剧，灼痛感甚至会延续72小时。如果灼伤程度严重且面积较大，还有可能引发恶心、高烧、发抖、头疼等反应，需要医生的及时介入和帮助。

一旦被灼伤，我们应该想办法尽快缓解症状。这个时候可以洗个冷水澡，不过记得不要在创面上使用肥皂。如果创面没有出现水疱，还可对伤口冷敷或涂上润肤脂；如有必要，也可在医生的指导下服用止痛药。此时灼伤创面最好不要和外界物体发生摩擦，因此建议穿着舒适宽松的服装。当然，尤其需要避免继续暴露在太阳下。

几天后，被灼伤的皮肤处会开始出现脱皮，那是死亡的细胞被刚刚成熟的细胞所替代的过程，属于正常的新陈代谢。这个时候记得不要着急撕扯即将脱落的皮肤，因为这很有可能会破坏下面还很脆弱的新生细胞，只要等待其自行脱落即可。

皮肤肿瘤

人体的皮肤是一个真正的器官，有非常重要的功能，如保护人体不受外界侵袭、调节体温、防止水分蒸发、感知触觉等，因此必须对皮肤的保护予以重视，尤其是对阳光的防护更要特别注意。穿透到皮肤深层的紫外线不仅会让我们提前衰老，更会破坏细胞的DNA，导致恶性肿瘤的产生。据分析，皮肤癌主要有下列种类：

- 黑色素瘤。这是大家最熟悉同时也是最危险的一种皮肤肿瘤。从其名称不难看出，这种肿瘤击中的正是黑色素细胞，有可能发生于全身皮肤，也有可能发生于某处的黑色素细胞痣。这种深色的痣里集中了大量黑色素细胞。对于痣很多的人来说，患上此类疾病的风险会更高，因此一定要注意定期观察痣的大小是否有变化。那么，在何种情况下我们可以判断痣正在变成黑色素瘤呢？很多恶性黑色素瘤在早期恶变的过程中是有一些异常表现的，我们把它归纳为ABCDE法则。具体为：A. 非对称，色素痣的一半与另一半看起来不对称；B. 边缘不规则，不像正常色素痣那样具有光滑的圆形或椭圆形的轮廓；C. 颜色改变；D. 直径增大；E. 隆起。如果有这些情况的发生，就要引起重视，尽快就医。其实，不仅痣多的人患此病的风险高，那些属于Ⅰ型和Ⅱ型的人群，即皮肤、头发和眼睛的颜色都很浅的人也要特别注意。如果家族中有黑色素瘤病史，那么患此病的概率就要比正常人群高。另外，在青少年时期受过灼伤的人也是患此病的高风险一族，因此要特别留意孩子的安全。不过，长时间暴露在阳光下仍旧是黑色素瘤的最危险致病因素。事实告诉我们要对黑色素瘤有高度的关注，因为据统计，这种数年前还被认为很少发生的低发病率的肿瘤，近年来正在以每年4%的速度上升，未经治疗的黑色素瘤更是致命的。在黑色素瘤发生早期，可以通过外科手术切除，但如果到了中晚期，癌细胞有可能扩散到血液循环和淋巴系统中，引发继生肿瘤。

- 基底细胞瘤。基底细胞瘤是皮肤癌中最常见的一种，是指位于表皮最下层基底层的基底细胞出现病变。这种肿瘤很少发生转移，但会破坏周围组织并造成毁容。80%的病例发生在头部和颈部，另外15%发生在躯干部位、双臂或双腿。基底细胞瘤发生时会出现呈珍珠光泽的结节或玫瑰色斑点，并有逐渐增大的趋势，有时颜色还会变深，转变为黑色素瘤。最常见的治疗方法是外科手术切除。对于基底细胞瘤来说，长时间暴露在阳光下也是最危险的致病因。那些属于Ⅰ型和Ⅱ型的人群也要特别注意。
- 鳞状细胞瘤。鳞状细胞瘤，也称棘层细胞瘤，是指位于表皮最上层棘层的细胞出现病变。肿瘤发病时会出现结节或周围凸起中间凹陷的部位，伴有溃疡或出血。鳞状细胞瘤的发病率排在基底细胞瘤之后，位于第二位。这种肿瘤可发于全身，比较常见的发病部位包括下嘴唇、耳郭、头皮、鼻子、手背和生殖器。因为有转移的可能，因此通过外科手术切除是最主要的治疗方法。不过这种肿瘤并不致命。皮肤曾经受到过损伤的人，如之前有过烧伤或伤口，会比较容易患上此类肿瘤。对于鳞状细胞瘤来说，长时间暴露在阳光下也是主要的致命因。那些皮肤和毛发颜色较浅的人群也要特别注意。通常来说，这种肿瘤多见于 40 岁以上的人群中。

关于完美晒黑的建议

人人都想拥有完美的古铜色皮肤，不论男女，不分长幼。然而，晒黑对于皮肤来说也是有风险的，特别是对于年轻人，因此应该尽量减少在阳光下的暴露时间。那么，如何在比较短的时间内获得更好的晒黑效果呢？可以参考下面这些建议。

- 日晒前后对皮肤进行护理。健康的表皮层是可以帮助人体获得并保存一小部分颜色的。在日晒之前几天，应该去除皮肤内的死细胞，并涂抹润肤脂。在日晒后，则要避免使用刺激性强的肥皂，最理想的是使用橄榄油持续涂抹。
- 食用有助于晒黑的食物。有些皮肤专家认为，某些特别种类的饮食是有助于晒黑的。在这里起最主要作用的元素就是 β-胡萝卜素，它在摄入人体消化器官后可以转化成维生素 A，从而促进黑色素的生成。含有 β-胡萝卜素的食物包括黄色或橙色的水果和蔬菜（如胡萝卜、杏、枇杷、桃和香瓜等）。
- 保护，保护，再保护！为了避免皮肤损伤，应注意避免在每天 10 : 00—16 : 00 这个时间段暴露在阳光之下。对于肤色较深的人群，可以先从防晒倍数较高的防晒用品用起，之后逐渐降低倍数，但注意不要低于 15。

黑色素和褪黑素是一回事吗？

我们知道，黑色素是由位于表皮中的黑色素细胞制造出来的，能够决定我们皮肤的颜色。褪黑素则是人体的松果腺分泌出的一种荷尔蒙，松果腺位于脊椎动物脑顶部的一种小的松果样内分泌腺，亦称松果体或脑上腺。那么，为什么它们的名称会如此相似呢？根据词源学的解释，这两个词都源于希腊语中的 μέλας，即“黑色”的意思。黑色素，作为一种黑色的色素，其名称很容易解释。而对于褪黑素来说，则有生理学的内容包含其中。松果腺只有在夜间才分泌这种荷尔蒙，此时视网膜不受光照。事实上，褪黑素对于人体的一个重要作用就是调节睡眠和生物钟。褪黑素可以增加人的困意，降低人体温度，让身体为睡眠做准备。鉴于此，褪黑素常被用来调节时差。

阳光维生素

维生素 D 是保证人体骨骼健康的重要元素。足够的维生素 D 可以促进人体对磷和钙的吸收，强健骨骼。如果缺乏维生素 D（尤其是维生素 D_3，也称阳光维生素），骨骼会变得脆弱或出现变形，儿童如果缺乏维生素 D 则会导致佝偻病。尽管人体可从一些食物中摄取维生素 D，如三文鱼、沙丁鱼、鲭鱼或黄油、肉制品和鸡蛋等，但其主要还是来自照射到皮肤上的阳光。紫外线能将 7- 去氢胆固醇在表皮下层转化为维生素 D。那么，每天应该在阳光下照射多长时间才能保证摄入足够的维生素 D？根据专家的说法，每周只要晒两三次，每次 10 ~ 15 分钟即可，阳光要晒到面部、双臂、后背或腿部。当然，日晒同时也要注意防护，尤其是肤色较浅的人群。近年来，也有一些科学家开始研究防晒霜是否会降低人体对维生素 D 的吸收。目前看来，这种影响是存在的，但程度甚微。

第十五章 是谁漂浮在海里

世界上有多少个海？很多很多。科学家说，海洋就如同不同条件的混合体，因光照、压力和温度的不同而各异。

那么，海洋生物该如何划分呢？研究者将其分为通俗易懂的两种，即主要漂浮在海水中的深海生物和生存主要依赖与海床的接触的海底生物。

其中，深海生物又可分为两类，分别为浮游生物和游泳生物。浮游生物很少活动，受波浪和洋流的支配；游泳生物则会在海里主动游动。

浮游生物，随洋流而来

浮游生物一词源于希腊语中的 πλαγκτόν，即“流浪”的意思，用来强调此类生物在海洋中随洋流波动的被动生存状态。浮游生物的种类繁多，从微小的有机体（如单细胞海藻），到甲壳纲动物（如磷虾），再到巨型水母等，数量难以计数。浮游生物由浮游植物和浮游动物组成。

海洋生态系统的一项重要作用就是通过包含了能够进行光合作用的浮游生物体的浮游植物来完成的。在被海水表面所吸收的阳光的作用下，这些浮游植物吸收二氧化碳，制造氧气。据科学家估计，地球大气中至少有50%的氧气来自于这些小到肉眼几乎无法看到的微小生物体。

浮游植物中最重要的类型是鞭毛藻和硅藻。其中硅藻的种类更是繁多，而且形态都十分漂亮迷人。硅藻属于单细胞生物，包裹在参差不齐的硅外壳中，如果放在显微镜下观察，样子很像小小的礼物包。鞭毛藻也属于单细胞生物，区别是外壳上附着一层植物纤维膜，通常有两根鞭毛作为运动器官。

浮游动物与浮游植物一起构成浮游生物。浮游动物的数量约为浮游植物的10%，它们随水流漂动，为了生存，它们需要食用和自己类似的生物。但与此同时，它们也是鲸的主要食物来源。作为哺乳动物的鲸很少捕食，而多是以软体动物、鱼类和浮游动物为食，其中就包括磷虾：一种体长只有1～2厘米，生活在冰冷水域并以硅藻为食的浮游生物。

谈到浮游动物，水母也是其中非常重要的种类之一。水母的形状有大有小，小的直径不足毫米，大的可达2米。

游泳生物在海洋中畅游

游泳生物亦称自游生物，是指能在海中自由游泳，并对抗波浪和洋流运动的生物，也被喻为海洋中的国王和王后。游泳生物种类繁多，在体形上都非常有特点，以更好地应对海洋生活。这类生物的身体一方面比较尖细，或者类似鱼雷的形状，便于提高运动时的水动力和减轻水的阻力；另一方面还具有类似船桨的鳍或触须，方便在海中游动。

此外，这类生物身体上部的颜色通常与下部不同，目的是为了伪装：背部常为深色，与海床的颜色类似；腹部则呈浅色，在明亮的水面之下也不好区分。

游泳生物中的很大一部分是头足纲动物，如乌贼、鱿鱼、鹦鹉螺等。这些无脊椎动物的头部十分柔软，由多条触须组成的足则围绕在头周围。正如前文所提及的，鹦鹉螺及类似品种都拥有外壳，而以乌贼为代表的品种则有一个厚的石灰质内壳。

游泳生物的另外一部分无脊椎动物则是甲壳纲动物，如龙虾、虾和蟹等，其主要特点是具有外骨骼——一种由壳质素（与我们的指甲一样）构成的骨架。与贝壳有所不同，这种外骨骼为多层结构，使得动物可以通过肌肉将内脏等部位直接附着在甲壳上。

游泳生物中最为我们所熟悉的就是鱼类了。它们最突出的特点是有用于呼吸的鳃和用于划水的鳍。

海洋中到底有多少鱼呢？这个问题很难回答，因为海洋中鱼的类别和数量数不胜数，只要想想它们的大小和重量就不难理解了：小的鱼体长只有 10 厘米，大的则能达到 20 米；有些鱼体重不足 0.1 克，有的则重达 15 吨。

鱼类得益于其独特的适应性（如通过鱼鳔调节浮力），能够在水下的任何环境生存，不论是靠近水面的区域，还是在幽暗的水底。鱼类可以分为两大主要类型：软骨鱼和硬骨鱼。

软骨鱼，即软骨鱼纲，包括鲨、鳐等，其中鲨有 350 种，鳐有 300 种。这些鱼的主要特点是其骨架是由软骨组成的。人体关节中的软骨也是同样道理。

硬骨鱼，即硬骨鱼纲，具有硬骨骨架，大约有2 600多种。与鲨和鳐相比，硬骨鱼的尾鳍大多为正尾型，即尾鳍的上下叶对称，口大多位于头部末端而不是下部。此外，这种鱼既可以生活在淡水中，也可以生活在咸水里。

海洋生物的最后一种（除爬行纲和鸟类之外）就是哺乳动物。海洋中的哺乳动物可划分为三类，分别是：鲸目（海豚和鲸）；鳍脚目（海豹和海狮）；海牛目（海牛和儒艮）。和人类不同的是，它们需要通过自我调节以适应海洋生活，如呼吸，以及如何在盐分高的寒冷水域生存等。

尤其值得关注的是，为避免脱水，这些哺乳动物会将食物中的水分保存在体内，饮用少量的海水，排出含盐量很高的尿液。它们的新陈代谢过程极快，以保证体内热量积存在不同层次的脂肪中，所以该类动物有些具有非常厚的外皮。

鲨鱼的坏名声

根据权威的《世界鲨鱼攻击档案》的统计，2012年，全球共有80人遭到鲨鱼攻击，其中只有7人死亡。其中大部分攻击发生在美国的佛罗里达（26起，无死亡），随后是在澳大利亚（14起，2人死亡）。那么，在地中海会有危险吗？

根据记录，从1847年到2012年，地中海沿岸总共发生了36起鲨鱼攻击，其中18起导致死亡。意大利是发生次数最多的国家（11起），但死亡人数只有3人，最近的一次发生在1989年。这些数字是冰冷的，但可以帮助我们更合理地面对鲨鱼带来的恐惧。美国国家海洋和大气管理局在其官方网站上曾明确指出，人被挂在圣诞树上的电灯电死的概率要远高于被鲨鱼攻击的致死率。事实上，鲨鱼并不以人类为猎物，如果它们发动了攻击，其实原因很简单，是因为犯了错误：它们误把人当成了猎物，如海豹、鱼或乌龟等，一旦它们发现周围有此类物体，就会放弃攻击。

乌贼墨是什么？

墨鱼汁意面是一道非常美味的意大利菜品。那么，你们有没有问过自己，墨鱼汁里到底是什么呢？其实，里面的主要成分是黏液和赋予其颜色的黑色素。事实上，这种墨汁是乌贼用来保护自己逃脱追逐的武器。很多头足纲动物都会制造墨汁，并能将其保存在鳃附近的墨囊中，当遇到危险时，墨囊里就会喷出墨汁。

有些乌贼通过喷出大量墨汁来迷惑对手，掩护自己逃脱。有些乌贼则采用更机敏的策略，即将墨汁分成多次释放，每次释放数量较少，但浓度极高。在第二种情况下，水中就会形成类似于乌贼大小的墨汁团，对手很可能会把攻击力对准这些墨汁团而不是乌贼本身，这样乌贼也可逃脱。当你再到餐厅品尝墨鱼汁面的时候，不妨想想你吃到的到底是什么东西哦！

回声定位的原理

一些隶属于鲸目的动物，如海豚、巨头鲸和虎鲸等，能够在闭着眼睛的情况下对猎物定向，这也被称为生物声呐：动物通过口腔或鼻腔把从喉部产生的高频率声波发射出去，声波遇障碍物或猎物后会折返回来，动物便利用折回的声音来定向。返回声波产生的震动会被此类动物的下颌骨部位所接收，并被传至内耳中，最终由大脑对其进行分析。得益于这一特点，动物能够在视野有限的情况下判断方位，寻找猎物。当某些动物发出特别强烈的声波时，其效果甚至可以用震耳欲聋来形容。

鱼类和鲸是如何呼吸的？

鱼类的生存同样需要氧气，但它们获得氧气的方式和哺乳动物完全不同。尽管四周都是水，鱼并不依靠分解水分子中的氢离子和氧离子来获取氧气，而是靠直接吸入水中的氧气。溶解于海水表面的气体中有36%由氧气构成。除此以外，还要加上由海藻和水下植物通过光合作用制造的氧气。据测算，每升海水中大约含有6微克氧气。尽管数量很小，但已经可以满足海洋生物的生存需要（水氧含量同时也是监测水质的重要标志）。鱼类对氧气的吸收则要通过专门的器官——鳃。

鱼的呼吸过程十分简单：含有氧气的水经鱼口从头部两侧的鱼鳃流出。每个鱼鳃可分为鳃片和鳃小片，每排鳃片由鳃丝排列组成。鱼在水中时，每个鳃片、鳃丝、鳃小片都完全张开，使鳃和水的接触面积增大，增加摄取水中所溶解的氧的机会（见图18）。在鳃小片中有微血管，这里的表皮很薄，会吸收氧气，并将带来的二氧化碳透过鳃小片的薄壁送到水中。

虎鲸和海豚也需要呼吸，但它们是通过肺的换气完成氧

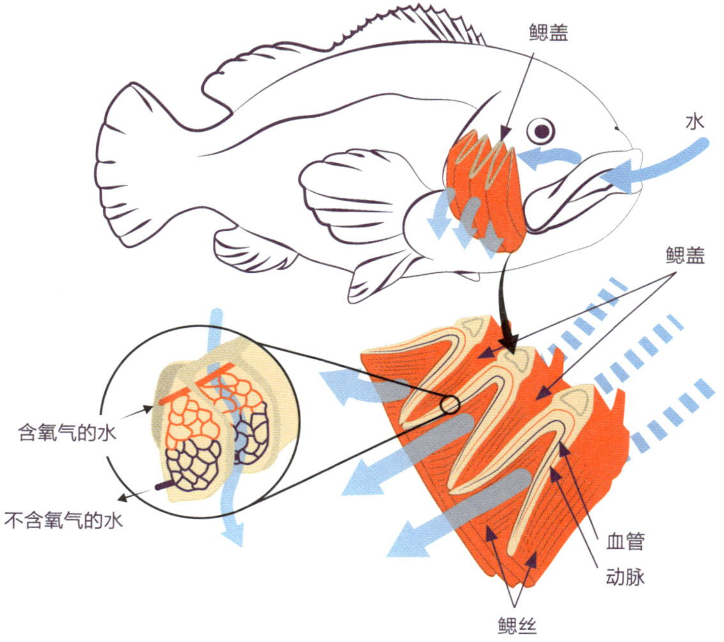

图18 鱼鳃是如何作用的

气和二氧化碳的交换，因此它们需要经常浮出水面换气。我们在这类动物头部看到的那个孔被称为喷水孔，其作用与我们的鼻孔相同。当鲸呼气时，来自肺部的热气进入外部空气中并凝结为喷洒状水柱。此外，海洋哺乳动物的呼吸方式完全是有意识的自觉行为，因为如果在水下呼吸，就会溺毙。不过，它们拥有超强的储存氧气的能力，因此可以长时间地潜在水下，如蓝鲸能够在水下停留 30 分钟，巨头鲸则可以停留 60 分钟。

第十六章
是谁生活在海底

海藻和螃蟹，水生植物和海星，海胆和海绵，它们有共同之处吗？它们都属于海底生物，其生存与海床有着密切的关系。海床有冷有暖，有浅有深，有的地方富含营养，有的地方则贫瘠荒芜，它们也对海滩环境有着直接的影响。

海藻不是植物

在海边，你一定看到过蔓延至海岸边的海藻，有的甚至会缠绕在你的脚下。在非专业人士看来，这种多呈绿色的东西更像植物，但事实并非如此。海藻其实是非常简单的单细胞或多细胞生物体，能够适应水下生活环境。它们的长度可以超过 60 米，或通过微小细胞体附着在礁石表面，或形成茂密的水下森林，或独立生长。从形状看，有些海藻确实酷似植物，但其结构与植物完全不同，因为它们既不需要根茎也不需要导管。

通常来说，生活在地表的普通植物通过根茎固着在土壤中，同时吸收水分和养料，茎起到支撑作用，叶片完成光合作用。而海藻是由一个独立的叶状体构成，每个细胞都可以通过光合作用自给自足，而且因为海藻生存所必需的二氧化碳已溶解于周围的水中，因此它也不需要通过导管将养料输送到身体其他部位。那么茎呢？海藻也不需要。根据阿基米德的浮力原理，海藻的密度与周围海水的密度基本相当。

海藻体内所含色素的种类不同，因此具有丰富的颜色，使得我们可以根据颜色来对其区分。也正因此，海藻能吸收海水中的不同光波。生活在海面的绿色海藻吸收红色和橙色光，褐色海藻吸收蓝光和绿光，生活在幽深海底的红色海藻则吸收蓝光。

在沙滩与深海之间

海底生物如果想在沙滩上生存并非易事。沙滩上不但日照强烈，而且每天还要经历两次涨潮和退潮。对于海藻或者某种生存在潮间带的动物而言，环境条件的激烈变化是需要面临的最大问题。潮间带是指大潮期的最高潮位和大潮期的最低潮位间的海岸，也就是海水涨至最高时所淹没的地方开始至潮水退到最低时露出水面的范围。

生活在这一地带的动植物必须具备抵御温度变化的能力，因为对它们而言，也许刚刚还是阳光普照燥热难当，随后就是冰冷的海水扑面而来。此外，它们还要警惕来自岸上，也就是那些捕鱼者的危险，因为每天的涨潮、退潮都会为捕鱼者带来大量机会。

如果海滩上满是礁石，那么这里必定拥有丰富的生物物种。海水与陆地在这里的碰撞也会带来大量食物：随巨浪而来的海水为这里持续带来养料，让溶解于水的空气得以维持，并吸收来自岩礁的矿物质。此外，不同岩石间的生存环境，以及能够从中发现的贝壳种类都有很大不同，那是因为不同岩石间的环境有冷有热，有的黑暗，有的光亮，但含盐量基本类似。

以沙子居多的海滩对于生物来说则是非常恐怖的。当然，对于我们人类而言不是问题，但对于微小的生物体来说，生存起来可谓困难重重。尖锐的沙粒会刺破这些生物的保护层，进入到组织中造成破坏。同时，由于这些生物大多没有坚固的支撑体，缺乏挖掘能力，在遇到危险时也无法隐藏在地下。此外，饮食也是一个问题，它们必须先从沙粒中将食物分离出来才能摄入。因此，在沙滩上的海底生物大多是类似蛤蜊的软体动物，再有就是螃蟹等甲壳动物。那如果是卵石滩会怎么样？情况会更糟！因为它们之间的强烈碰撞会对生物造成相当大的危害。

幽深的海底其实并非理想的生存环境，但仍有海洋生物在这里居住，科学家们每年也都会在这里发现新的物种。除了海底昏暗的光线，这些生物还要面对冰冷、高含盐量和高压的环境，并且缺少食物和氧气。通常来说，它们的新陈代谢过程十分缓慢，吃得很少，活动很慢，可以活得很久。为了生存，它们在进化过程中往往体现出一些特点，比如有些物种和同物种相比体形非常巨大（巨大症），有些物种的感觉能力十分敏锐，能够感知环境中仅有的光亮并发光（生物发光）。这些生物还有另外一个显著特点，就是身体的脆弱性。首先，在水流平缓的深海中，它们并不需要坚硬的骨骼作为支撑；其次，由于水环境为酸性，缺少钙离子，因此这类生物也很难长出坚硬的骨骼。

关于海胆

人们有时对它避之不及，有时又对它趋之若鹜。海胆是地中海赐给我们的美物和美食。

海胆属于海胆纲动物，和海星、海参同属棘皮动物门。

海胆的身体外包裹着一层石灰质的外骨骼，并有多个皮刺（见图 19）。如果和人体发生接触，皮刺会刺激我们的皮肤，因此需要马上挪开，并避免炎症的发生。

海胆下部有鳃和口，围绕着五颗起角的牙齿（也称亚里士多德提灯），而肛门则位于顶部。

对于产自地中海的海胆，人们食用的部位其实是它的生殖腺，也就是产生精子和卵子的器官。因此，海胆不论雌雄都是可以食用的，但仅限于某些品种。

人们经常错误地通过颜色来区别海胆的性别，但事实并

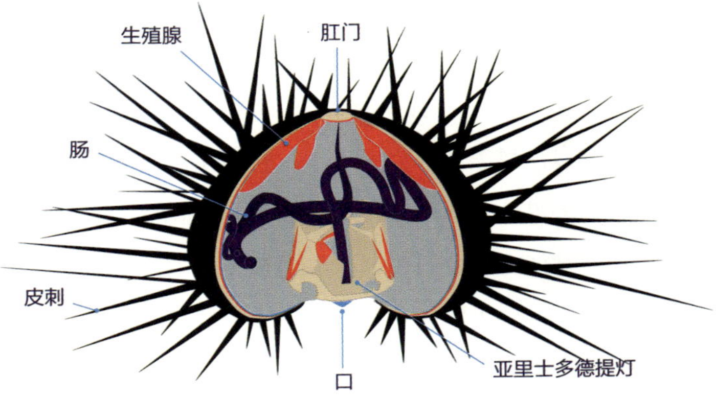

图19　海胆解剖图

非如此。不同颜色的海胆其实是不同的品种，比如黑色海胆是不可食用的品种，而那些紫色、棕色或绿色的海胆则是可以食用的。在意大利沿海的很多地区，每年有固定时间是不可捕捞海胆的，以免影响海胆的繁殖。在食用的时候最好不要生吃，因为海胆和其他瓣鳃纲软体动物一样，有可能带有细菌或病毒。

长寿的水生植物

生物的生存离不开对能量的储存和使用。没有什么能够无中生有，因此问题在于如何将能量转化。最简单的方法无疑是吸收太阳光中的能量，将其“打包后”保存在诸如碳水化合物等分子中，在需要的时候释放。无论是对陆地生物或是对海底生物而言，原理都是一样的，在海中，一些细菌、海藻和水生植物的能量都源自光合作用。

这些生物体需要依靠三个简单的元素，即二氧化碳、水和阳光，以制造碳、氢、氧（即碳水化合物），用于产生氧气和养料，以保持自身机能。这看起来似乎很容易，但相比陆地植物，水生植物的这一过程要艰难得多。

在光合作用中，光是不可或缺的。然而，只有很少部分的光可以穿透海水抵达海底，因此，大部分海藻和水生植物都停留在靠近海面的区域，有的叶子或茎能够向海底伸展数百米。它们的根部有些固着在海底，但并不发达。此外，能够穿透海水的阳光也会受到其他因素的影响，比如阴天，比如水流过于湍急，或受到水中浮游微生物的阻碍等。

另外一个问题是二氧化碳。在陆地上，植物可以很容易地通过根部或毛孔吸收二氧化碳，但在水下，二氧化碳的含量非常低，而且它在水这种介质中的传播速度也非常缓慢。为应对这一困难，水生植物的毛孔大多具有很强的功能，能够更容易地吸收二氧化碳。

最后，水生植物在含盐量高的海水中生存也不容易。它们吸收的海水越多，体内的含盐量就越高，在渗透作用的影响下容易脱水。解决这一问题的办法就是加速代谢过程，以便将体内多余的盐分迅速排出体外。

第十七章 潜水时会发生什么

如果你潜入水下，将更能体会到大海的魅力。去过海边，特别是热带海域度假的人们一定试过浮潜，在面镜和呼吸管的帮助下，欣赏水下美丽的珊瑚礁和五颜六色的鱼类。如果你受过专业训练，还可以穿上潜水服，背上氧气瓶，潜到更深的海里，去感受海洋生活的魅力。那么，当潜入水下时，我们的身体会发生怎样的变化呢？

屏住呼吸下潜

估计所有人都试过深吸一口气后将头埋进水里，试试自己到底能在水下憋气多久，或是看看自己一下能往海里扎多深。不过，还是不必对结果太认真。通常来说，在静止不动的条件下，正常人最多能在水下憋气 1 ~ 2 分钟。2009 年在法国创造的世界纪录根本没有可比性：一个叫斯特芬·米苏德的家伙居然可以在无氧条件下的水中屏住呼吸 11 分 35 秒！还有一种被称为自由潜水的运动，即不借助脚蹼或其他辅助设施，只通过自身肺活量调节呼吸屏气尽量深潜的运动，目前的世界纪录为101米，是2010年由新西兰人威廉·特鲁布里奇在巴哈马群岛创造的。

潜入水下时，我们的身体会随之变化，以减少氧气的消耗。人体在水下的这种条件反射，是一系列应激反应，所有哺乳动物在入水后都会有。首先，心脏的跳动开始减缓（心动过缓），以消耗更少的氧气；随后，末梢血管开始收缩，位于身体末梢的血管体积缩小，以便减少血液流量，使更多血液留在心脏和大脑以维持其功能；最后，也就是所谓的“血液转移”，即血液向胸腔转移，减小肺中的空气压缩。

在水下，人体器官不仅要面对呼吸暂停，还有迅速下降的水温。水是一种易于传导空气温度的介质，同时也有很强的绝缘能力，因此潜入水中时，我们很快就会发冷。

水下的另外一个问题是压力。在海面时，我们受到头上方空气的压力（为一个大气压的压力），但潜入水中时，还需承受水柱的压力，而水柱的密度要远高于空气。据测算，每向海底下潜10米，所承受的压力就要增加一个大气压。如果我们下潜20米，就要承受3个大气压的压力，是在海平面时的3倍。这种压力作用于我们全身，使肺内的空气受到挤压，严重的话会扩张和破裂。幸好，出于条件反射，我们的血液会向胸腔转移，以增强肺部的抗压性。

当暂停呼吸时，身体内的氧含量会下降，只有通过持续不断的训练，才能增加肺活量。

带上气瓶深潜

还有不少人钟情于全副武装潜入海底：气瓶、保证视线的面镜、

为什么耳朵在水下会堵？

当潜入水下时，我们经常发现耳朵被堵住了，这就是压力的作用。鼓膜位于耳道尽头，是一种富有弹性的半透明薄膜，可以让我们通过震动和声波听到声音，并将外部环境和耳内腔隔离开来。当我们潜入水下时，外界施加给鼓膜的压力要远远高于耳内本身的压力，鼓膜就会伸展，让人感到不舒服。解决这一问题的方法非常简单，那就是让鼓膜内外环境中的空气压力保持一致。怎么才能做到呢？这时候，就需要欧式管的帮助了。人的中耳和鼻后的鼻咽腔之间有一个狭窄管道相连，称为欧式管。当我们做某些动作的时候，欧式管会张开和关闭，使得空气流通。感觉耳朵不舒服时，我们可以尝试咽口水、打哈欠、闭上嘴或用手指堵住鼻子后轻轻呼吸（这个时候要非常小心，否则有可能造成鼓膜损伤），使得鼓膜内外的空气流通，两侧气压相同，达到平衡，从而让鼓膜恢复正常。在乘飞机或在高山上耳朵有反应时都可以采用同样的方法。

抵御冷水的专用潜水服、浮力补偿背心等。不过，只有经过专业训练的人才可以深潜，因为水下世界有许多不可知的风险，尤其是人体在水下需要承受来自于水和空气的双重压力。

我们每天呼吸的不仅仅是氧气。事实上，空气中氧气的含量大约为 21%，而氮气含量高达 78%，氩气含量占比约 1%。

呼吸时，身体通过肺部吸收氧气，同时也会将其他无用气体溶解到血液中。每次呼吸时，一部分氮气溶解后进入循环系统，另一部分则在肺部形成气泡后被排出。在深潜时使用的气瓶中，最常见的就是氮氧混合气，通常可以提供与地面空气中的氮氧含量比相同的气体，在特定情况下，氧气的含量可能会稍高。

这里需要普及一个知识：亨利定律。这是 1803 年英国人亨利在研究气体在液体中的溶解度时发现的规律，具体可以解释为：在等温等压下，某种挥发性溶质（一般为气体）在溶液中的溶解度与液面上该溶质的平衡压力成正比。通常来说，压力越大，溶解的气体就越多，反之亦然。

下潜

下潜时，氮气在高压的作用下大量溶解于血液、脂肪和神经组织中，引起神经纤维的传导和中枢突触传递受阻，造成对大脑功能的损害。这种情况被称为“氮麻醉”，其临床表现类似醉酒：轻度的兴奋、头脑混乱、反应迟缓、自制力差。

氮麻醉也被形象地解释为“马提尼现象”，即当下潜超过 20 米后，每垂直向下 10 米，就相当于喝一杯马提尼酒。在水下压力超过 4 个大气压时（即深度 30 米以下），典型的醉酒状态就会出现。

在这种情形下，最大的危险是判断力的下降，有可能让人在环境复杂的水下作出有风险的决定。

避免危险的唯一方法就是上浮几米，让压力减小，也会让血液中的氮含量降低，几分钟后体内的氮气就会排出体外。

在深潜中可能遇到的另一个风险是体内积聚的氧气过多。如果潜得过深或停留时间过长，就会因为体内含氧量过高引发脑部氧中毒。因此，每个气瓶上都会根据所含气体的体积和压力明确标注可下潜的最大深度。

通常来说，使用氧含量21%（最大压力1.6巴，即1.6×10^5帕斯卡）的气体，最深可下潜66米；使用氧含量32%的气体，则最深只能下潜40米。在这两种情况下，最多可以在水下停留45分钟。为了能够在水下控制时间、深度、水质环境及控制减压等，潜水者通常都要佩戴类似腕带手表的潜水电脑。

上浮

海底探秘之后，就该上浮了，这时同样必须小心谨慎。压力随上升会减小，溶解于血液中的气体开始恢复到气态，并准备排出体外。如上文所述，下潜越深，体内的氮含量就越高，上浮时就会有更多的氮分子转化为气态。

如果上浮速度缓慢，就不会有什么问题。如果上浮过快而且中间没有停歇，氮很有可能在血液和组织中形成多个小的氮气泡，无法排出，危害人体健康。

因减压不当引起的疾病有多种症状，有轻有重，如骨关节疼痛，肺损伤和脑损伤等。因此，在上浮时，一定要严格按照减压表中的要求，逐步返回水面，如返回水面需要的时间，在上浮至多少米时需要休息等。当然，这些因素还要取决于潜水地区的环境以及在水下停留的时间长短，通过计算来最终确定。

深潜千万不要屏住呼吸

“不要紧张！保持正常呼吸，千万别屏住呼吸”，这是大多数潜水教练对学员说的一句话。学习过深潜的人都知道，在携带气瓶和呼吸器下潜时，一定不要暂停呼吸，而是要持续通过肺部呼气和吸气。这是为什么呢？如果在上浮的过程中屏住呼吸，人体所承受的压力减小，肺内的空气体积会迅速增加。这个时候，如果呼气，气体会找到通道排出体外，不会对肺部造成损害。如果仍屏住呼吸，会阻塞肺内气体的通道，造成肺内气体体积持续增加，会直接对肺部造成损害，或者形成气泡进入血液循环，导致更大的风险。

举个简单的例子。人在憋气下潜到一定深度时，肺部体积会压缩至正常体积的1/4。上浮时，肺部体积会逐渐增加，直到恢复原状。可如果在上浮时屏住呼吸，肺部为了在逐渐减小的压力之间找到平衡，会过度膨胀，超出原来的体积，这是非常有害的。

潜水员是如何呼吸的？

通常认为，现代潜水运动起源于1943年，当时法国军官雅克·伊夫·库斯托和液态空气工程师爱米尔·加朗合作发明了水肺，也称为自携式水下呼吸系统，使海洋深潜终于成为可能。

由于气瓶中的空气气压太高，直接呼吸会对肺部造成伤害，因此水肺的最主要原件之一就是呼吸器械调节器，其功能是将气瓶中的空气压力降低到适合人吸入的安全水平。为了实现这一作用，调节器有两个头，分别是一级头和二级头。一级头直接接驳在气瓶上，将气瓶中的空气压力降低到中间水平；二级头通过软管与一级头相连，将压力由中间水平降低到与环境水压相等，供潜水者吸入。而当潜水者呼气时，水肺的排气阀门会开启，将二氧化碳排出。

为什么会晕船？

都是运动惹的祸！晕船和晕车、晕机一样，是晕动病的一种。简单来说，一方面，人体自身感觉到了运动，另一方面，大脑又感觉自己处在静止状态下。这种不一致给人带来了不适。晕船的科学原因是什么呢？为什么有的人会呕吐呢？

最有说服力的解释是双眼所见和双耳所感之间的不一致。内耳中有一个小器官叫做耳蜗，这里是声音的控制器，也有保持头部平衡的功能。耳蜗由三个内部充满淋巴液的空腔组成，人在运动时，三个空腔内的淋巴液会随着体位变化而运动，冲击内侧壁上的感受器，用来感受头部体位的运动，是向前还是向后，向上还是向下，向左还是向右。这些信息被传导至大脑后，与来自肌肉和视觉系统的信息结合，人才得以保持平衡。

当我们坐在船舱里时，大脑从身体各部位接收到的信息是不一致的：耳朵感觉我们是在运动，眼睛看到的环境却是静止的。这个时候，矛盾的大脑就会发出警报，我们就感到恶心并出现呕吐。那么，如何才能避免晕船呢？首先，最好选择大型船只，因为在大船上，人们对移动的感知比较弱；其次，最好选择位于中间的舱位，因为在移动过程中这里的颠簸感最轻。

如果你觉得有点恶心，可以走到船舷上，看看地平线，有助于缓解晕船的症状，让大脑重新清醒起来。另外，在上船前或旅行途中尽量保持清淡的饮食，也会减轻症状。

环境学

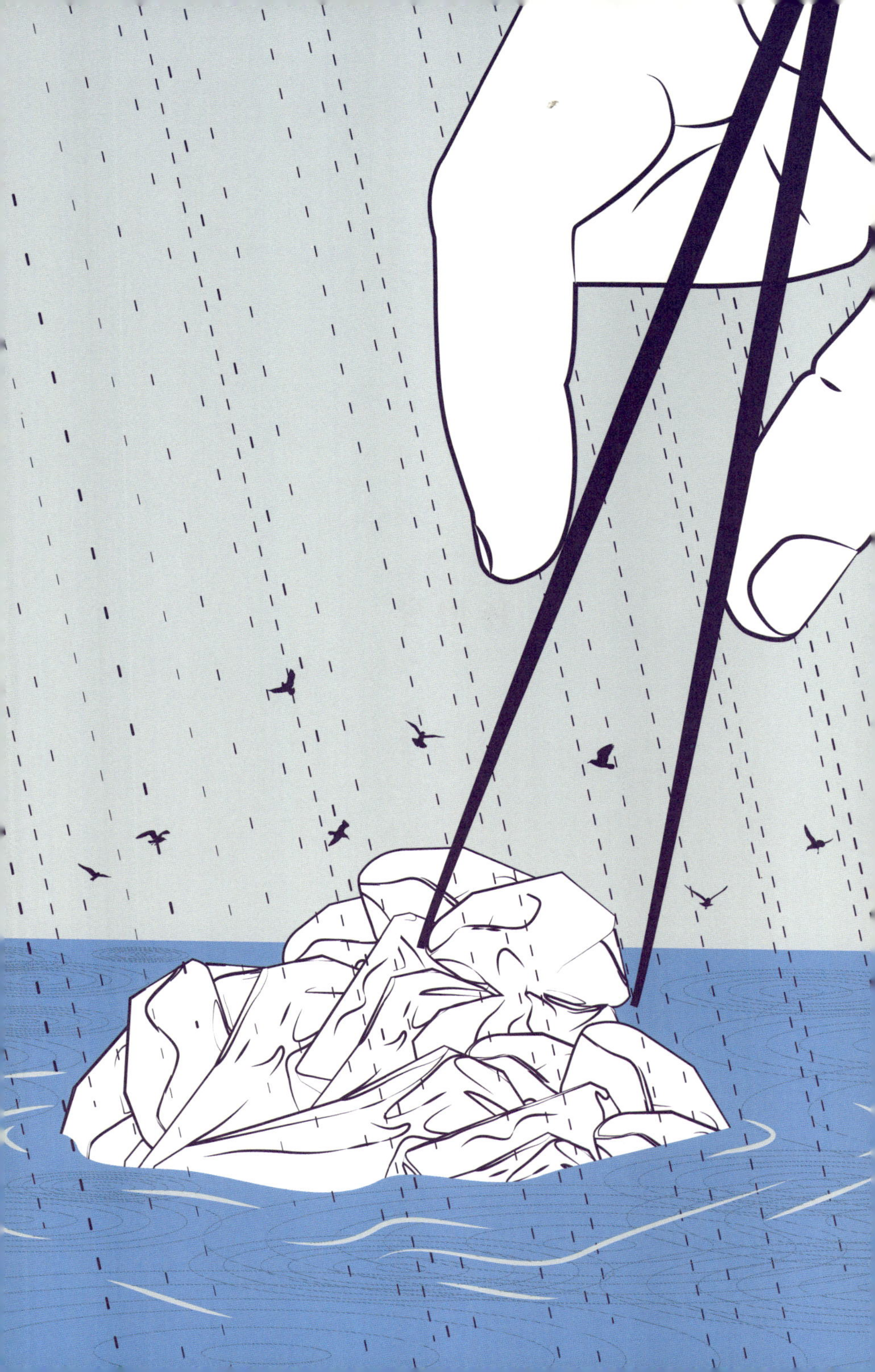

第十八章 海滩是如何形成的

再也没有比把双脚插进温暖的沙滩中更惬意的感觉了！细沙在脚趾间流淌，这时你感到平静，更有愉悦。不过，想过没有，为了能够拥有如此柔软、洁净、细腻的海滩，环境学家们付出了多少心血？那么，沙子是从哪儿来的呢？为什么它是金黄的？是什么决定着海滩形成的位置呢？

海滩的诞生

事实上，海滩的形成其实是一种卸载。需要注意的是，这种卸载是一种天然卸载，在这里，那些经地表物质剥蚀后形成的岩屑、碎石会堆积起来。这一过程会持续数千年之久。比如，在风、阳光、冰雪、流水等因素侵蚀下的石块会慢慢地剥蚀成为碎块，并由河流携带进入大海；随后，海浪的运动会将水中的沉淀物一并带到海滨地区，并在这里聚集，形成海滩。

形成海滩需要的条件十分简单。首先，需要大量的沉淀物，如沙子、卵石或贝壳等；其次，需要有足够的海浪以运送这些沉淀物；最后，需要有较为稳定的海平面（或湖平面）。这三个因素决定了海滩形成的位置及形态。当然，一处能够容纳沉积物的区域也是不可或缺的。沙子、海平面与海浪之间是动态平衡的。当三者中的任何一个因素变化时，其他两个因素也会变化，海滩的地形自然也发生改变。

那么，我们平时见到的海滩又是什么时候诞生的呢？这全都依赖于过去数千年中海平面的变化。事实上，在过去 200 万年里，海洋一直像悠悠球一样上下活动，直到几千年前，海平面才渐渐稳定下来。从那时起，沙滩的位置也就相对固定下来了。

关于海平面变化的解释其实非常简单：当地球处于冰期时，冰川体积增加，河流水量减少，海平面降低；反之，随着地球变暖，冰川融化，河流中的水量增加，海平面自然上升。在这一过程中，由于河流是专门负责向海洋运送沉积物的，沙滩的位置因此也会随之发生改变。当海平面降低时，河流入海口的剥蚀作用加剧，就好像水流突然遇到了阻碍一样，于是水中又会产生新的沉积物。当海平面升高时，河流中水量增加，将原本积聚在入海口的岩屑碎石全部输送进了海洋。

在地球历史上最近的一次大冰期（大约 18000 年前）过后，在冰川融化的作用下，海平面一直在上升。那时形成的海滩早已被淹没，海水携带着沉积物持续向内陆地带进发。当海平面停止上升时，海水中携带的碎屑就会堆满海岸上的凹进处和小凹槽，海滩就这样诞生了。

五颜六色的海滩

不过，沉积下来的碎屑并不是千篇一律的。每片海滩都有其独特性。海滩的组成主要取决于沉积的物质类型。沉积物的来源不同，岩石在受到剥蚀后形成的特点和颜色也不同。那么，为什么我们常见的海滩都是浅棕色的呢？那是因为这里的沉积物绝大部分是由石英砂砾堆积而成的。石英是一种浅色、几近透明的矿物质，在坚硬的岩石中十分常见。与另外一种在地壳中含量极为丰富的矿物质长石相比，石英有更坚硬的质地，耐磨，化学性能稳定，能够抵御物理化学制剂的侵蚀，因此在海滩上可以长期存在和沉积，受外界影响较小。与之相比，长石在海滩上的比例较小。

尽管石英是海滩上最常见的矿物质，但并非所有海滩的颜色都是相同的，因为石英砂颜色的深浅取决于其寿命：寿命最长的石英砂有足够的时间释放其周围的残留物，从而呈最纯粹（最透明）的颜色，而寿命较短的石英砂刚刚从岩石上分离不久，还留有深色的残余物痕迹。影响海滩颜色的其实还有其他因素。到目前为止，我们所说的沉积其实都是陆源沉积，也就是沉积物来自于岩石的剥蚀作用，但其实在海岸上堆积的还有其他种类的沉积物。

你有没有考虑过，为什么有些海滩上的泥沙是黑色的？绝大部分情况下，这种海滩中含有大量的重矿物，其密度高于石英，如钛铁、磁铁，甚至锆石、钻石和金子等。重矿物的密度大，因此会堆积在沙子的下层，形成属于自己的矿层。有些时候，比如在暴风雨过后，你会在浅色的沙子中间看到它们的身影。你不妨试着各抓一把浅色沉积物和深色沉积物，浅色的那一把看起来更粗糙，质量比较轻。

如果海滩靠近火山，那么深色的沉积物也有可能来自于火山喷发的岩浆。在这种情况下，当熔岩遇到海水时，会迅速冷却，并破裂成大小不同的碎片；或者已经凝固的火山岩石在侵蚀作用的影响下形成沉积。在火山附近的夏威夷和西西里岛等地就有这样形成的海滩。

最后，还有一种海滩的颜色更浅，其碎屑沉积的主要来源是有机体，会形成非常独特的贝壳海滩或珊瑚海滩。某些海洋生物能够制造碳酸钙，这种质地坚硬的物质会留在海床上，逐渐被侵蚀，并被波浪带到海滨。位于珊瑚礁附近的海滩就是此类沉积物的最好聚集地。不过，在这种海滩上行走时要十分小心，以免被尖锐的沙砾割伤。

沙子，砾，黏土

并非所有海滩都是由沙子构成的，也有礁石滩或粗砾滩。其沉积物的尺寸（即粒级）对于搞清楚这些物质的年份非常重要。颗粒越细，表明其寿命就越长。乌登·温特沃思粒级是目前世界上应用最广的粒级划分标准（见表 3）。

粒度是指矿粒的大小尺寸。如果直径超过 25 厘米，称为巨砾；直径在 25 厘米以下 4 毫米以上，称为砾；直径在 1 毫米以下 0.06 毫米以上，称为砂；更小的则是黏土。

根据沉积物中存在的砾、砂和黏土含量，科学家们对海滩进行了更详细和准确的分类。不过，对于并非地质学家的我们来说，只要记住最简单的划分就可以了。

- 沙滩。也是最常见的海滩。其沉积物主要来自于大型河流、冰川和受到侵蚀的礁石，或者是洋流从遥远地区携带至海滨的礁石，慢慢堆积在海岸边，最终形成沙滩。
- 砾滩。尽管这类海滩并不受旅游者欢迎，但这些满是石块、砾石和碎石的海岸仍旧是海滩的一种。由于砾石重量大，

直径（毫米）	粒级划分		
大于256	巨砾	Boulder	砾
128	极粗砾	Cobble	
64	粗砾	Cobble	
32	中粗砾	Pebble	
16	中砾	Pebble	
8	中细砾	Pebble	
4	细砾	Pebble	
2	极细砾	Granule	砂
1	极粗砂	Very coarse sand	
1/2	粗砂	Coarse sand	
1/4	中砂	Medium sand	
1/8	细砂	Fine sand	
1/16	极细砂	Very fine sand	
1/32	粗粉砂	Coarse silt	粉砂
1/64	中粉砂	Medium silt	
1/256	细粉砂	Very fine silt	
小于1/256	黏土	Clay	

表3 乌登·温特沃思粒级

这里的沉积物通常不会来自于遥远的地方，通常和当地地质条件下存在的主要物质类似。

- 泥滩。是由非常细小的沉积物构成的，如淤泥或黏土等，其沉积物主要是被剥蚀的柔软的岩石物质，随着河流进入大海。此类海滩常见于气候炎热湿润的海滨地带（75%的热带海滩属于泥滩）。不过，由于深陷在泥中的生物死亡后会发出异味，这类海滩附近往往会散发着令人不适的味道，因此并不受游客欢迎。

海滩的构成

海滩是从哪里开始的呢？一眼望去，你恐怕很难相信其实海滩的起点就在茫茫大海中。根据波浪受海床构造影响的位置不同，海滩的起点距海滨的距离也不等，波浪平缓的距离更近，波涛汹涌的则距离更远。

对于一片自然形成的海滩来说，其终点位于陆地之上，也就是沙堤开始的地方。起点和终点的位置决定了该处海滩的形态。通过对海岸地貌的研究（见图 20），可以将其分为以下几个主要部分：

- 水下岸坡。波浪在这里开始“感觉”到海床的影响，速度开始减缓。远海暴风雨过后随洋流而来的泥沙在这里开始聚集，随后被平缓的波浪逐步推向内陆。
- 破波带。在英国科学家看来，海滩还有一部分被称为破波带。这里是波浪开始破碎的地带，也是冲浪者最爱的地方。破波带就是低潮海滨线以外的破波作用地区，即始于波浪破碎时，止于海滨线。波浪在这里释放能量，形成海潮，混合了海底沉积物后向海滨线前进。这一地带既有沿岸沙堤，也有潮水可以在其中流淌通过的沿岸凹槽。
- 前滨，又称潮间带。位于高潮时波浪冲击的上限与低潮时海滨线之间的地区。这一地带既有沙堤也有沿岸凹槽。
- 后滨，也称海岸。这是我们最熟悉的区域，始于海滨线，止于沙堤堆积。这一地带由一个或数个滩肩组成，常位于高潮位之上，属潮上带。这里既有特大高潮时强烈风浪作用下形成的风暴浪滩肩，及其导致的海蚀或海积地貌形态，如海蚀阶地等，也有正常波浪作用下形成的正常滩肩。从

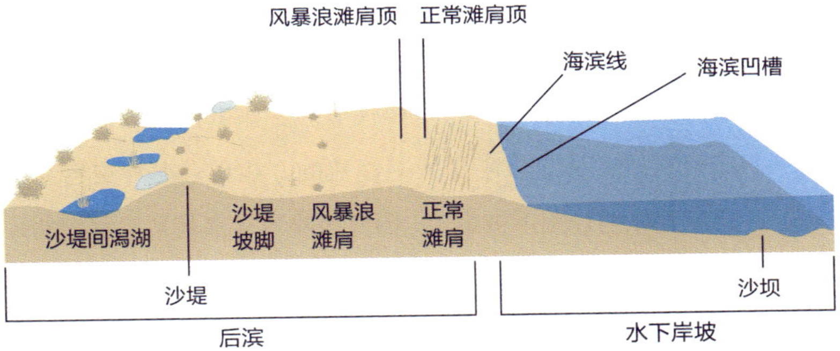

图20 海岸地貌

正常滩肩开始，海滩开始以平缓的方式向海滨线倾斜。

海滩形成的黄金规律

正如前文所述，海滩是波浪和海平面在动态平衡状态下形成的沉积带。据澳大利亚科学家和冲浪运动员罗伯·布兰德的解释，这种动态平衡系统遵从三个简单的规律。如果你能记住这三个规律，就能解释海滩上出现的很多现象，到时候一定会让你的小伙伴们听得目瞪口呆，对你心服口服。

- 泥沙被波浪卷起后再由洋流带走。如果没有波浪和风，泥沙还会停留在原来的位置。但当波浪破碎并释放能量时，会从海床上卷起大量泥沙。泥沙如云雾般腾起后，会漂浮在海水中。若此时有水下洋流经过，这些泥沙就会被带到别处。
- 沉积物越粗大，海岸就越陡峭、越狭窄。由于石块和卵石的密度大，无法漂浮在水中，因此需要更大的能量才能将其带离，这也是为什么砾石滩更多的是由来自当地的物质逐步堆积而成的原因。砾石之间的摩擦力强，不易滑落，因此这类海滩通常是陡峭和狭窄的。如果你看到的砾石滩非常宽阔，那它多半是人工修建的。相反，泥沙更容易在洋流和风的作用下被带走，因此沙滩通常都是平坦宽阔的。

- 汹涌的波浪将泥沙带向远海，平缓的波浪将泥沙带回内陆。暴风雨发生时，汹涌的波涛会从海床上卷带起大量的泥沙，并通过洋流的作用将其带向远海地区；而在风平浪静时，平缓的波浪通过来回波动将泥沙慢慢带回到海滩上。海滩上泥沙的数量主要取决于当地风暴发生的频率，以及距离上一次暴风雨过去的时间。

海滩是如何改变的

地貌的不同让每片海滩都拥有各自的“行为方式”。那么，海滩的“行为”到底是什么意思呢？

海滩是一个动态系统。一旦有内因发生改变，整个系统也会随之作出反应。

幸运的是，其中的大部分反应是可预见的，并以海岸形态作为反应基础（见图 21）。

- 陡峭狭窄的海岸。此类海岸可以在三种情况下形成。第一，如果该区域的波浪平缓，当波浪破碎时，泥沙颗粒所受到的推力不足以使其被带到很远的地方，而是一个个地堆积在一起。第二，如果没有足够的泥沙，海岸形成后就会停止扩展，变得陡峭。第三，也就是我们在上文里刚刚提到的原因，沉积物越粗大，海岸就越陡峭。此类海岸也被形象地称为“反射型海岸”。为什么会有这样的称呼呢？那是因为波浪破碎后释放的能量中有一部分被反射回了海洋中。被凹坑或凹槽规律性隔开的沿岸沙堤以及海岸阶地在此类海岸中非常易见。这种陡峭狭窄的海岸会造成崩卷型碎波和崩塌型碎波，对游泳者来说是非常危险的。

- 宽阔平坦的海岸。此类海岸上的沉积物非常细腻，而且波浪汹涌。如果海滩上的泥沙十分细腻，那么这片海滩的形

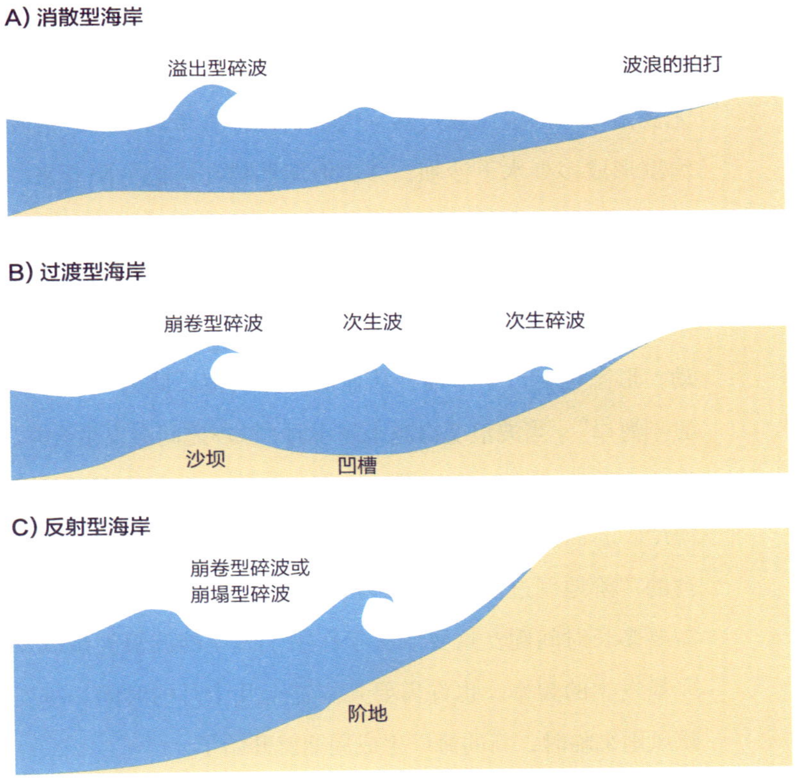

图21 海岸的类型

态必然是比较平缓的。在波浪和洋流的作用下，泥沙颗粒被带向外海，并在那里形成一片宽阔的碎浪带。此类海岸也被称为“消散型海岸”，因为波浪在这里开始破碎，将其能量释放到面积非常大的区域里。如果你发现碎浪带的起点在外海并且裹挟着白色的泡沫，那么你所在的就是这一类海岸无疑了。此类海岸多回头浪，同样也有水下沙坝和沿岸凹槽，最常见的是溢出型碎波。

- 过渡性海岸。多数海岸的波浪强度适中，沉积物不粗不细，条件介于反射型海岸和消散型海岸之间。这一类型的海岸尽管形态多样，但通常都有水下沙坝和回头浪。总的来说，此类海岸的形成主要取决于沙坝的形态。在强风暴过后，尤其是冬季的强风暴过后，大量的泥沙被带向远海，沿着海滨形成多处水下沙坝，并由海岸凹槽与岸边分隔开来，这就是带有沙坝的过渡型海岸。在这种情形下，波浪会破碎两次，第一次是在远海遇到水下沙坝时，第二次是抵达岸边时。如果波浪的强度减弱，沙坝的位置就会向岸边移动，形态也会产生弯曲，从而制造回头浪，此为“节奏过渡型海岸”。当波浪变得越来越小时，沙坝之间会发生合并，形成多个由凹沟隔开的横向沙坝，此为“横向沙坝过渡型海岸”。当凹沟也被泥沙填满时，就会形成有多个阶状平台的“阶地型过渡型海岸”。那么，此类海岸的形成一般需要多长时间呢？这要取决于作用于海岸的波浪类型以及风暴发生的频率，也许需要几周甚至几个月的时间。每当暴风雨来临时，新的海岸生成周期就开始了。

上述机制决定着海岸在夏季和冬季的形态。冬季的时候，你会发现自己最喜欢的海滩变得面目全非，因为汹涌的波浪带走了大量的泥沙，使海滩变得狭窄了很多。等到了夏季，平缓的波浪又会将泥沙逐步运送回岸上，从而使海滩变得平坦宽阔，自然就会引来众多游客了。

何时海岸会后退

海岸是一个持续进化的系统，比如我们会在暴风雨后看到它的变化，也有可能在数月或数年后发现它在慢慢改变。海岸的变化是动态的，但海平面的上升会导致海岸线后退。如果海平面持续上升，海岸就会持续倒退。如果没有人类活动的影响，那些被波浪和风暴卷带走的泥沙还会重新找到沉积地，只是需要时间，并且不会影响海岸的生态系统。遗憾的是，如今大部分海岸上都盖满了建筑，阻碍了海岸的后退。而侵蚀作用正成为愈发严重的问题，威胁着房屋安全。

然而，海岸侵蚀是无法阻止的过程。说实话，原本就不应该在如此靠近岸边的地带建造房屋。如今最好的解决办法就是放弃，将房屋全部推倒，再另寻他处重建。但是，这种解决方案的成本显然太过昂贵了，因此工程师们采用了加固的方法，分为硬加固和软加固两种，但两种方法都对环境有影响。

其中最简单的方法就是在海岸上修筑质地坚固且耐久性强的设施，以阻挡海岸的后退。这种设施被称为陡墙或直墙式海堤（见图 22），沿海而建。此类海堤在海边很常见，通常为钢筋水泥墙体或岩石墙体，墙后堆填砂或沙土，也可以供人在上面慢跑或散步。然而，陡墙式海堤面前的海滩却面临消失的风险，因为随着海平面的上升，持续而来的波浪会慢慢地将这里的泥沙和卵石带走。也许在几年或几十年后，这片海滩的消失就是不可避免的。另外一个方法是修建防波堤，类似于伸向海中的陡墙，用于拦截被顺岸流带来的泥沙并使之落淤。在这种情况下，位于防波堤外侧的海岸会上升，而在防波堤内侧，侵蚀作用却愈发明显，这是因为泥沙流在近岸处被截断了。

还有一个选择是修筑顺坝，即在离岸一定距离的水中建造与岸大致平行的坝体，也称顺岸坝。从远海来的波浪遇到顺坝后会先释放掉部分能量，剩下的那部分能量则会在被保护的海岸上消散。在这种情况下，顺岸流被拦截了，海岸上原本应该被顺岸流携带的泥沙沉积的地方则会受到侵蚀。

上述这三种方法都属于硬加固。与此同时，人们还采用一些软加固方法用来保护海岸，其中最常见的是人工育滩。名称听起来有些奇怪，但原理其实非常简单。既然海滩上的泥沙开始减少了，那么为了避免其进一步恶化，就用大量泥沙补给海滩上被侵蚀的地带。

不过，实际操作起来真的像写出来这么容易吗？其实不然。为了保持海滩原本的美丽，必须特别注意保持原有的海滩生态环境，因此使用的泥沙不管是从物质组成上还是从粒度上都必须与原来的泥沙相似。

有人提出，可以从远海地带采集人工育滩所需的泥沙。这个办法听起来不错，但却会导致其他后果。因为原本处在远海海床的泥沙是准备被波浪带往内陆海岸上进行沉积的，如果这里的泥沙被掏空了，那么必然会造成离这里最近的海岸遭遇更强的侵蚀。这种人造海岸的寿命并不稳定，有可能是几十年，也有可能只有几天。此外，人工育滩面临的主要难题之一是成本高，因此在发展中国家很难实施。

著名的迈阿密海滩就是最好的例子。美国迈阿密海滩是在 20 世纪 70 年代通过长达 5 年的人工育滩方式建造而成的，当时总共花费了 6500 万美元。这笔钱如果放在今天，大约相当于 10 亿美元。

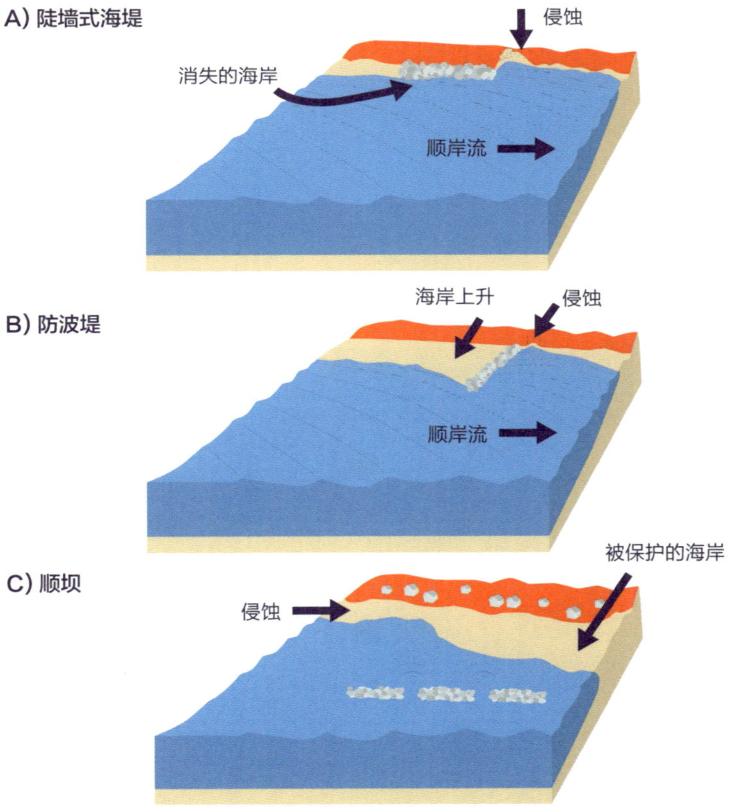

图22　如何保护海岸

世界上最美的海滩

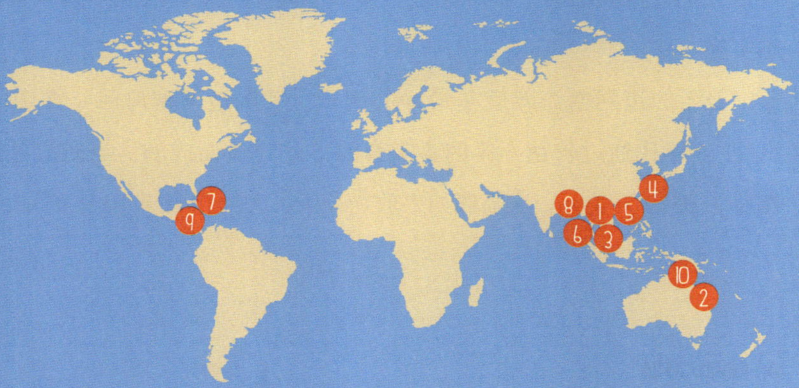

世界上最美的海滩都在哪里呢？下面就是由《易行指南》（Rough Guide），评出的全球排名前十的海滩。

1 帕安岛（泰国）
紧靠泰国湾，沙滩又白又细，种满棕榈树。这里在满月节期间举办的庆典活动非常出名。

2 彩虹海滩（澳大利亚昆士兰州）
这片巨大的海滩因其五色沙丘而得名，沙丘中含有的钛铁、锆石和金红石等成分让沙滩呈现棕色、黑色、红色、橙色和黄色。

3 皮皮岛（泰国）
这里由大小两个岛屿组成，沙滩柔软洁白，还有各式各样的珊瑚礁。

4 阿波连海滩（日本冲绳渡嘉敷岛）
这里的海水非常洁净，海底生物种类丰富，如珊瑚、座头鲸、海龟，以及众多色彩缤纷的热带鱼类。

5 小停泊岛（马来西亚）
白色珊瑚滩上满是棕榈树，松石绿色的海水是浮潜和深潜爱好者的天堂。

6 帕南海滩（泰国）
四面环绕着石灰岩悬崖，拥有得天独厚的翡翠般清澈的海水和美丽细腻的白色沙滩，而且只能乘小船到达。

7 长岛（古巴）

清澈温暖的海水和白色石灰质沙滩是这座加勒比海小岛的最大魅力，这里并无常住居民。

8 丹绒鲁海滩（马来西亚）

穿过茂密的热带森林就能看到水晶般透亮的海水和宁静的珊瑚滩。

9 图卢姆海滩（墨西哥）

玛雅文化最著名的考古发掘地之一，沙滩细腻洁白，是加勒比海沿岸最具代表性的海滩。

10 白天堂沙滩（澳大利亚）

沙滩的主要成分是色白纯净的二氧化硅颗粒，经日光照射后反射出的白晃晃的光线让这里的游客出行必须戴上墨镜才行。

意大利最美的海滩

那么意大利最美的海滩又在哪里呢？根据旅游评论网站猫途鹰的统计，2014 年意大利五大最美海滩如下：

- 兔子海滩（兰佩杜萨，阿格里琴托，西西里岛）：有人将这里誉为世界最美海滩。这里有白色的沙滩和未被污染的如水晶般透明的海水。此外，这里是红海龟每年的产卵之地。
- 卡拉马里奥卢海滩（保内，奥利亚斯特拉，撒丁岛）：在撒丁岛方言中，这片海滩还被称为“雪做的沙滩”，因为这里的海滩上满是雪白细小的沙粒。
- 佩罗萨海滩（斯丁蒂诺，萨萨里，撒丁岛）：位于撒丁岛的西北角，面向阿西纳拉湾，以白色沙滩和清澈见底的蔚蓝海水著称。
- 卡拉戈罗里泽海滩（保内，奥利亚斯特拉，撒丁岛）：这里礁石众多，上方有一块高达 143 米的尖石指向天空，十分震撼。
- 沉静海滩（赛斯特里莱万特，热那亚，利古里亚大区）：包围在彩色房屋和白色帆船中的海湾，沉静美丽。

气候变化下的海滩命运

研究气候的科学家们已经断定：地球气温正在不断升高，而且由于人类活动向大气中排放了过多的二氧化碳等温室气体，造成冰川融化，海平面上升。根据联合国政府间气候变化专门委员会 2013 年 9 月公布的报告显示：在 1901—2012 年间，全球的海平面上升了大约 19 厘米。根据该报告的预计，与 1986—2005 年的水平相比较，海平面在 2018—2100 年间还将上升至少 26 厘米，最多则有可能达到 98 厘米。而根据《自然》杂志上的相关文章分析，最悲观的科学家甚至认为届时海平面会升高 2 米，并由此影响 1.77 亿人口的生活。

当然，海滩并不会在短时间内消失，但经过一个世纪后，它的位置和形态都会发生改变。比如马尔代夫群岛有些岛屿就已经不见了。那么意大利的情况如何呢？不论是西侧的第勒尼安海海滨（如萨勒诺），还是东侧的亚得里亚海海滨（如威尼斯湾和普利亚的加尔加诺地区），都面临着同样的危险。此外，撒丁岛和西西里岛附近的一些小岛的面积也有逐渐变小的趋势。

沙丘是如何形成的？

海滩是由海浪裹挟而来的泥沙堆积在岸边形成的，而沙丘则是风的产物，有非常重要的作用。沙丘是一种极为脆弱的环境形态，特别是当海上风暴来临时，保护起来就更加不易。并非所有海滩上都有沙丘，其形成主要取决于海滩上的泥沙数量、泥沙粒度和风力。海滩类型不同，沙丘的类型也不一样：反射型海岸上的沙丘通常体积较小，耐久力好；消散型海岸上的沙丘通常体积巨大，可以绵延数千米。沙丘的植物种类对于沙丘形状有着决定性的作用，树木和灌木会让沙丘更加结实和稳固。

第十九章 风与海陆清风

去海滩游玩时，有没有这样的经历：在沙滩上躺着晒太阳时，突然感觉有沙子吹到身上？或者刚从海水里出来时冻得瑟瑟发抖？这都是空气流动的结果。那么，为什么空气会流动呢？海上的风和陆地上的风又有什么不同？

风是如何形成的

风的形成原理其实非常简单：只要空气中存在压力差，就会形成空气流动。空气会从高压带向低压带流动，两者之间的压力差越大，风力就越强。我们周围的空气也处在一定压力之下，这种压力被称为气压，指作用在地球表面单位面积上的大气压力。海平面的气压为每平方厘米上的空气质量约为 1 克；山上的海拔升高，气压减小，位于我们头顶的空气质量就会减少。

不过，决定气压的并不只有海拔高度。我们周围的空气其实是混合气体，对温度的变化非常敏感。温度上升时，空气膨胀，密度和压力都会降低；温度下降时，空气密度增加，压力更大。

根据阿基米德定律，我们应该可以判断出冷热空气的运动方向：热空气密度更小，因此会向上运动；冷空气密度更大，因此会向地表方向运动。让我们来举个例子：房间里的一侧有暖气，另一侧是关闭的窗户。暖气上方的空气在受热后会向上运动，在上升过程中受到来自窗户方向的冷空气的影响，空气变冷，因此会转向地板方向运动。这种现象被称为“空气对流”，即由于空气受热不均，受热的空气膨胀上升，而受冷的空气下沉而形成的。

为什么风速以节为单位？

在海上，强风的速度有可能高达 30 节，微风的速度大概只有 5 节。对于经常在海上航行的人来说，“节”这个单位应该并不陌生。1 节相当于 1 海里每小时（即 1 852 米每小时）。关于“节”的故事可以追溯到 16 世纪。当时为了确切判定船的航行速度，一位聪明的水手想出一个“抛绳计节”的妙法：找来一根长绳索，每隔 15.4 米就打上一个结。水手们从船尾将绳索抛进海里，在沙漏计时器的帮助下，每隔 30 秒计算出从手中通过了多少个结。使用这种方法，就能非常便捷地计算出船的航行速度了。于是，“节”成了海船速度和海上风速的计量单位。那么，为什么是每隔 15.4 米打一个结呢？因为根据 1 海里每小时（1852 米每小时）计算，每 30 秒船的航行距离是 15.4 米。

多美的清风啊

在海边度假时，你一定注意过这样的情况：白天风从海面吹向陆地，夜里风向恰好相反。这里的风速一般在 7 ~ 20 千米每小时，其形成原因同样是因为海洋和陆地之间的压力差。压力差的存在是由海洋和陆地的不同特点决定的（见图 23）。与陆地温度的变化相比，海水的升温和降温速度要慢。白天海上的空气仍受到夜里冷空气的影响，温度升高缓慢，海面上方压强大，而陆地上由于光照升温则非常迅速，陆地上方空气压强小，这种压强差造成风从海面吹向陆地，是为海风。到了夜间，情况正好相反。白天积攒在海面上的热气还未彻底散去，而陆地上因为失去光照则降温迅速。此时陆地上方的压强更大，造成风从陆地吹向海面，是为陆风。

不仅是在海边，只要是有宽阔且封闭水面的地方，如湖边，空气都会有类似的流动现象。另外，同样的道理也适用于高山。由于山谷与山坡之间存在的海拔差距，白天，山坡比山谷率先接触到光照，因此升温明显；夜晚，山坡降温迅速，而山谷里的热气消散缓慢。这种差异造成白天风从山谷吹向山坡，即“谷风”；到了夜晚，风从山坡吹向山谷，即“山风”。

全球大气环流

如上文所述，温度对于气压升降和风的形成起着至关重要的作用。那么，造成地球上不同位置之间气压差的主要因素也就不难想象了，那就是太阳。太阳辐射正是地球上大气运动能量的来源。地球表面接受的太阳辐射能量是不均匀的，这与季节和纬度都有着密

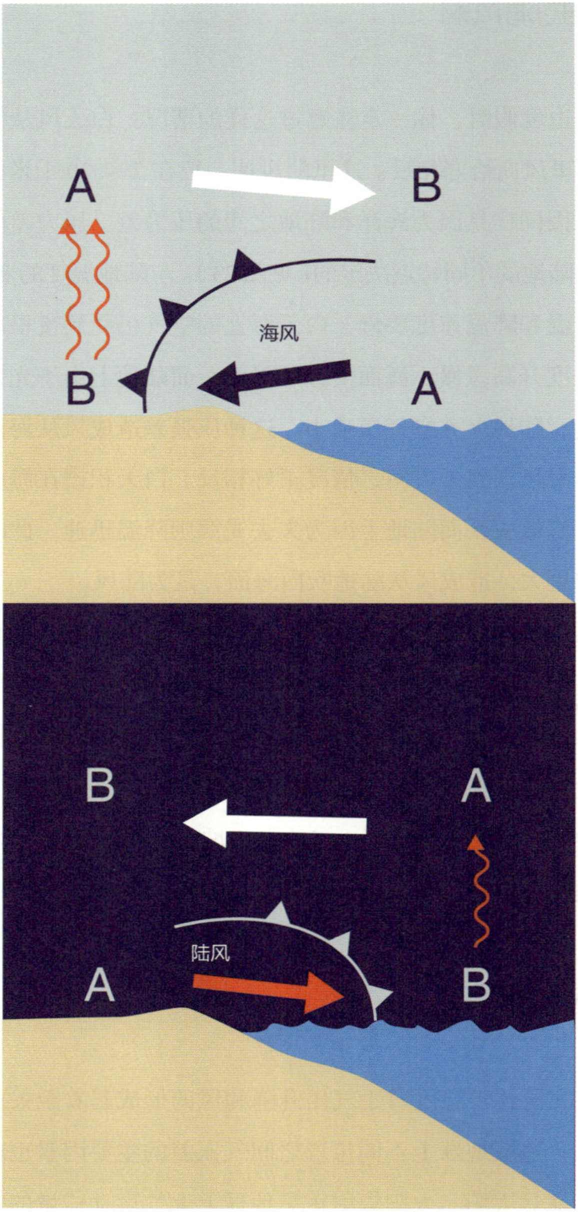

图23　海陆清风

切的关系。阳光入射角（即太阳直射光线与壁面法线之间的夹角）是其中的关键：越接近 90°，日照越强。阳光几乎垂直照射在赤道上，倾斜照射在南北回归线一带，几乎平行照射于极地。因此，位于南北回归线之间的地球表面温度更高，而位于回归线和极地之间的地表则温度更低。

按照之前我们讲到的关于风形成的知识，以及那个有暖气的房间的例子，此时应该有空气在赤道和极地之间运动。但是，这里还有一个特殊因素需要考虑，那就是地球自转。每一个在地球上移动的物体都会受到科里奥利效应的作用。从赤道吹向北极的风会按顺时针方向产生偏移，而从赤道吹向南极的风则会按逆时针方向产生偏移。这个因素改变了气流在地球上的运动轨迹，并在每个半球都形成了三圈环流（见图 24）。

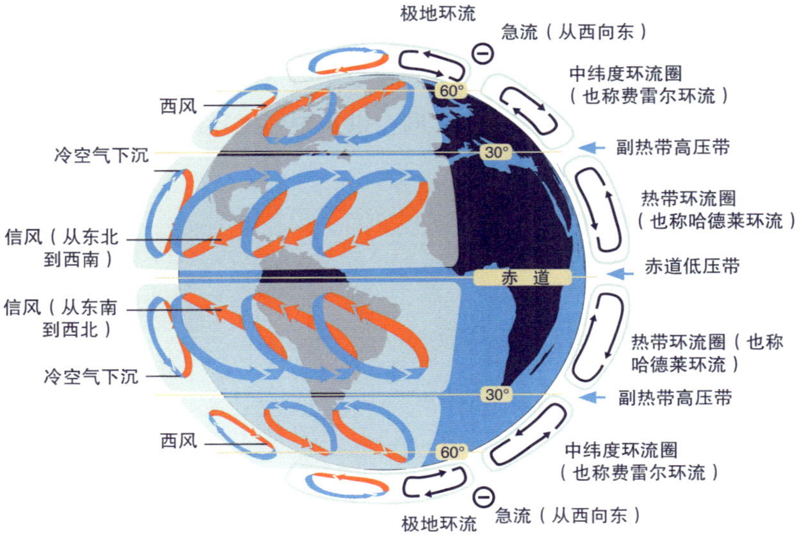

图24　大气环流圈

极地环流、低纬度环流（也称哈德莱环流）和中纬度环流（也称费雷尔环流）的运动形式基本类似。让我们以低纬度环流为例：由于赤道地区气温高，空气膨胀上升，高空气压较高，气流开始向极地方向流动。受地转偏向力的影响，气流逐渐具有西风成分，到南北30°左右，气流变为与纬圈平行，由于上空不断有空气流，空气堆积下沉，形成深厚的副热带高压带。而赤道地区地表气压较低，于是形成赤道低气压带。在地表，气流从高压流向低压，形成低纬环流。

我们经常提到的信风，是指在低空从副热带高压带吹向赤道低气压带的风。在赤道两边的低层大气中，北半球吹东北风，南半球吹东南风，风向很少改变，年年如此，稳定出现。从副热带高压带吹向副极地低压带的气流，习惯上称为西风，在北半球右偏成西南风，在南半球左偏成西北风。从极地高空区流向低纬度的气流，由于受地转偏向力的作用，气流偏东，在北半球偏为东北风，在南半球偏为东南风。除此之外，还有高速气流，即数条围绕地球的强而窄的高速气流带，集中在对流层顶，为偏西风，主要在极地环流圈和中纬度环流圈之间，以及中纬度环流圈和低纬度环流圈之间出现。

风玫瑰

这是一个与海洋关系十分密切的图形：一颗星，共有八个角，分别注明了风的来源和名称（见图 25）。古希腊人是首先以四个基本方向为基础给风命名的人。而如今我们看到的风玫瑰图则源于中世纪。

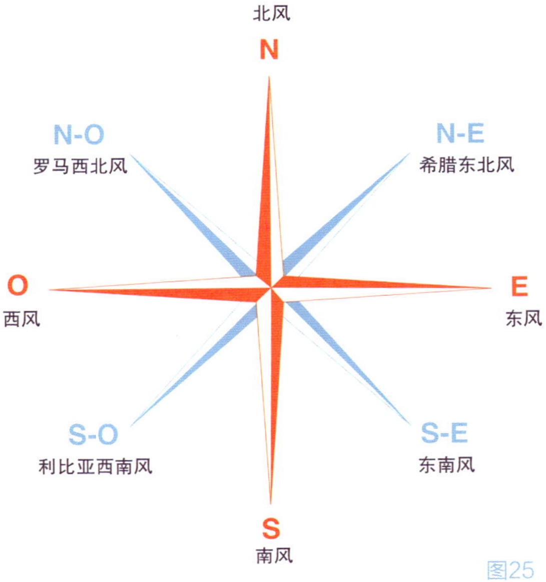

图25 风玫瑰

第二十章 认识云

意大利著名歌手法布里奇奥·德安德雷在他的歌曲《云朵》里曾经这样唱到："它们有时去，有时来，偶尔停留；当它们停下脚步时，仿佛乌鸦恶狠狠地盯着你"。

当我们躺在沙滩上时，甚至可以目不转睛地盯上它们好几个小时。那么，云是怎样形成的呢？又会有多少种形状呢？

云是什么

云是大气中的水汽凝结成的水滴、过冷水滴、冰晶或者它们混合组成的飘浮在空中的可见聚合物。这些水滴非常小，直径只有大约百分之一毫米，每立方米空气中可以含有上亿个之多。

云的形成是空气垂直和水平运动的结果。其原理非常简单：在阳光照射下，海洋、湖泊、河流中的水开始蒸发时，温暖湿润的水蒸气密度很小，因此会上升；随着高度的增加，温度逐步下降，空气也会逐渐变冷。上升空气的温度降低后，容纳水汽的能力越来越小，上升空气里的水汽很快达到饱和状态。温度进一步降低后，多余的水汽就附着在空气里悬浮的凝结核上，成为小水滴。这些水滴集中在一起，飘浮在空中，就成了我们见到的云。

那么，为什么云会飘浮在空中而不是下降到地面上呢？阿基米德定律可以来回答这个问题：因为水蒸气的密度要比空气的密度小。同等条件下，干空气的密度要比湿空气的密度大，因为湿润空气中含有水蒸气。

那么雨又是怎么回事呢？在大气扰动的作用下，云中的水滴互相碰撞并开始结合，变得越来越大、越来越沉，直到空气无法托住的时候，便会降落下来，形成雨。雪的形成也是同理，当靠近地面的温度在零度以下时，就会有降雪。

云的名称

当我们躺在沙滩上看云的时候，经常会根据云朵的形状赋予其独特的名字。科学家们也是如此，只不过他们给云命名是以研究为目的，所以完全不会考虑浪漫色彩。

根据云在形成过程中空气上升运动状态的不同，科学家们将云分为两类，即积雨云和层云。在水汽凝结后，如果云的向上运动轨迹被打断，那么云会向水平方向扩展（层云）；相反，如果凝结后的水蒸气继续向上运动，那么云会向垂直方向扩展（积雨云）。

根据云底距离地面的距离不同，云还可以被分为低云（2 千米以下）、中云（2 千米至 6 千米之间）和高云（超过 6 千米）。那么，怎样才能看懂云呢？请关注图 26，并记住以下特点。

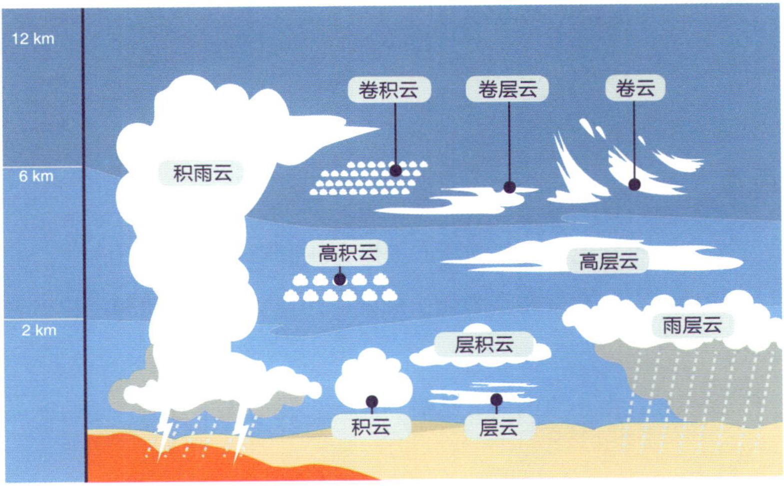

图26 云

低云

层积云：由大的圆形云块组成，或成条或成片或成团，常呈灰白色或灰色，一般不会带来降雨。

层云：与地面距离很近，多呈灰色，可能会带来小雨或小雪。我们常说的多云天气，指的就是这种云。

积云：是一种垂直向上发展的云块，轮廓分明，顶部凸起，云底平坦，看起来很像菜花，在阳光照射下闪耀白色。

中云

高层云：呈不透明或半透明的白色，可以很厚，会带来小量降水。

高积云：云块较小，轮廓分明，有薄有厚，常成群、成行、成波状排列，有暗影，看起来很像一块大棉花地。

雨层云：云层厚而均匀，呈水平方向延展，为灰黑色，边缘不清，会带来降水。

高云

卷云：呈白色的丝般光泽，云层为波浪形，由冰晶组成。

卷层云：与卷云特点类似，如同一片连续的半透明薄层覆盖着天空。

卷积云：由小块的白云组成，看上去犹如绵羊一般，是由冰晶组成。

积雨云：这是一种非常独特的云。其根基位于低云区，顶端则与高云相伴。远远望去，在天空中犹如一座塔的形状，但在塔的顶端会向水平方向伸展。积雨云是典型的能够带来暴风雨的云，且伴有雷电。

突然而至的夏季暴雨

夏季时，尽管早上晴空万里，但暴风雨还是经常不期而至，搞得我们狼狈不堪。事实上，正是灼热的阳光让夏季暴雨成为可能。夏季暴雨对于生活在山区、城市或农村的人们并不陌生，不过在海滩上并不多见。白天的时候，山上的石头、城市地面和农村犁过的土地更容易吸收日照能量并将其储存起来，使得地面上的空气温度升高，空气因此向上运动。当上升的空气遇到较低的温度和气压时，水蒸气会凝结，直至形成云。如果地面大气条件促使空气不断上升，云就会不断扩展，形成可以带来暴风雨的积雨云。因此，夏季时出门最好经常查看天气预报，因为早上的晴空万里并不意味着下午就不下雨。

流星何时划过？

海边被认为是观察流星的理想之地。夜晚的时候，很多人喜欢在这里仰望天空，期待着看到一颗流星划过。有人会对着流星许愿，有人只是为了观察这一美丽的天象。

不过，流星并非星星从天空坠落，而是运行在星际空间的某种碎片（如陨星）在接近地球时由于受到地球引力的摄动而被地球吸引，高速进入地球大气层，与大气摩擦燃烧所产生的光迹，会在发出耀眼光芒后转瞬即逝。

正如我们在科幻电影中经常看到的那样，从外太空来的物体可不是闹着玩的。陨星（或其他物质）在进入大气层时，会和空气发生接触：位于其前方的空气分子受到非常强的压力冲击，和陨星一起迅速升温。随着温度的升高，陨星会燃烧并升华，从固态变化为气态，并沿着它的运行轨迹留下一条光迹。如果空间物质非常大，在这一过程中就会失去大部分体积，并最终坠落于地面。2013 年 2 月发生在俄罗斯的陨石雨就是这种情况。

类似发生在俄罗斯的陨石雨的破坏性现象通常很难预测，但我们却可以知道什么时候可以看到流星雨，这是由其物质来源决定的。事实上，彗星离开之后残留的彗尾物质通常会形成流星雨，有些部分最终会因为散射而进入其他轨道成为散乱的流星体。流星经常发生在每年的同一时间段，如7月底到8月20日之间（在8月12日前后达到顶峰），这时正是斯威夫特彗星回归地球的时间。斯威夫特彗星的上一次回归是在1992年，下一次预计在2126年。

流星都有属于自己的名字：8月时称为英仙座流星雨，11月称为狮子座流星雨，12月称为双子座流星雨。这些名称是根据流星的迸发方向确定的，分别对应天文学中的英仙座、狮子座和双子座。那么，什么地方更适合观察流星雨呢？一个黑暗，没有其他光源影响，而且没有月亮的地方。

第二十一章 暴风雨中的海洋

震耳欲聋的雷声，划破天空的闪电，强风卷着巨浪汹涌而至，仿佛要将一切都带走。不论是在海上还是在岸边，暴风雨都是那么可怕。人们不禁感慨道，一旦大自然发起威来，人类恐怕只有靠边站的份儿了。

因此我们有必要了解一下暴风雨，以便提前做好防范。

风的力量

你一定对微风、狂风、暴风、飓风这些名词不陌生，那么如何区分海洋上的风力强弱呢？英国海军舰队司令弗朗西斯·蒲福根据风对地面物体或海面的影响程度定出了一个风力等级（见表 4）。蒲福风级在 19 世纪 30 年代首次使用在了“贝格尔”号军舰上，当时这艘军舰正搭载着达尔文进行环球航行。根据蒲福风级的划分，如果海面上有鱼鳞状的波纹，那就是软风的典型特征，其风速最高可达 6 千米每小时；如果海面上有大浪形成，且白沫范围扩大，那就是强风，其风速约为 40 ~ 50 千米每小时。

蒲福风级	风速（千米/小时）		说明	波高（米）
0	0	0	无风	0
1	1～3	1～6	软风	0.1
2	4～6	7～11	轻风	0.2
3	7～10	12～19	微风	0.6
4	11～16	20～29	和风	1
5	17～21	30～39	劲风	2
6	22～27	40～50	强风	3
7	28～33	51～52	疾风	4
8	34～40	63～75	大风	5.5
9	41～47	76～87	烈风	7
10	48～55	88～102	狂风	9
11	56～63	103～117	暴风	11.5
12	＞63	＞117	飓风	＞14

	海面情形	陆地情形
	海面如镜	静，烟直上
	海面有鳞状波纹，波峰无泡沫	炊烟可表示风向，风标不动
	微波明显，波峰光滑未破裂	风拂面，树叶有声，普通风标转动
	小波，波峰开始破裂，泡沫如珠，波峰偶泛白沫	树叶及小枝摇动，旌旗招展
	小波渐高，波峰白沫渐多	尘沙飞扬，纸片飞舞，小树干摇动
	中浪渐高，波峰泛白沫，偶起浪花	有叶之小树摇摆，内陆水面有小波
	大浪形成，白沫范围增大，渐起浪花	大树枝摇动，电线呼呼有声，举伞困难
	海面涌突，浪花白沫沿风成条吹起	全树摇动，迎风步行有阻力
	巨浪渐升，波峰破裂，浪花明显成条沿风吹起	小枝吹折，逆风前进困难
	猛浪惊涛，海面渐呈汹涌，浪花白沫增浓，减低能见度	烟突屋瓦等将被吹损
	猛浪翻腾，波峰高耸，浪花白沫堆集，海面一片白浪，能见度减低	陆上不常见，见则拔树倒屋或有其他损毁
	狂涛高可掩蔽中小海轮，海面全为白浪掩盖，能见度大减	陆上绝少，有则必有重大灾害
	空中充满浪花白沫，能见度极低	陆上几乎不可见，有则必造成大量人员伤亡

表4　蒲福风级

使用这种方法，蒲福将风力从弱到强总共划分为13个等级，从软风、微风，到大风、狂风、暴风和飓风等。

气旋？记得带上伞

天气预报中经常会提到气旋和反气旋。气旋控制下，会阴天多雨；反气旋控制下，大多天气晴朗。那么，气旋和反气旋到底是什么呢？

从卫星云图上看，反气旋的形状如同一个被云包裹的中空椭圆。反气旋的中间气压高，受到压缩的空气不断升温，使得云层解体减少。反气旋对气候的影响较为温和，多以微风和晴好天气为主，只是冬季偶有雾，夏季偶有阵雨出现。

热带气旋的情况则完全相反。热带气旋的中间是低压区，是聚集而成的云，会带来降水。从形状上看，热带气旋呈螺旋状。热带气旋的生成是一个复杂的过程，只在极地环流和中纬度环流的交界处形成的。

飓风是如何形成的

飓风是一种强大而深厚的热带气旋。热带气旋的低气压形成于低纬度环流圈，可形成暴雨（风速达到60～120千米每小时）乃至飓风（阵风可达120千米每小时）。飓风的形成需要较高的温度，因为飓风只能在一定的海温条件下生成。当空气位于海温26℃以上的海洋上空时，温暖湿润的空气就会受热上升，并形成一种循环扰动的气旋。上升的气流遇到低温后就会发生水汽凝结变成水滴，形成云，并带来降雨。从卫星云图上观察，还可以发现，飓风中心仿佛有一只眼，这就是“飓风眼”。“飓风眼”是飓风中心一块比较圆的区域，那里风力相对较小，强风会从“飓风眼”向外延伸，破坏力更强。热带大气扰动是飓风形成的基础：洋面上温暖湿润的空气持续上升，使近洋面气压降低，外围空气源源不断地补充流入，受地转偏向力的影响，流入的空气旋转起来。而上升的空气膨胀变冷，其中的水汽冷却凝结成水滴时要放出热量，又促使低层空气不断上升。这使得空气旋转得更加猛烈，最后形成了飓风。了解了有关飓风形成的原理，也就不难猜出飓风的行动轨迹了：形成于赤道附近温暖洋面上，随后在科里奥利效应的作用下（在北半球偏西，在南半球偏东）向回归线方向前进。在抵达陆地后，由于不再有热空气对其补给，飓风强度会逐步减弱。

地中海有飓风吗？

地中海里也能生成热带气旋，被称为“地中海飓风”。这种气旋也有少云的“飓风眼”，周围伴有强风和强降雨云。其生成与热带气旋相似，是由冷气团和温暖海面之间的温差造成的。

通常来说，地中海地区的热带气旋主要在秋季生成，此时海水表面的温度达到26℃，但空气已经开始变冷。不过，这里的热带气旋很少能发展成飓风。

海滩上的闪电

在海边游玩时如果遇到雷电暴雨，切记小心，尽快躲避。对我们来说，在海滩这种毫无障碍的空旷地带是最容易被闪电击中的。闪电其实是一种简单的电流，是云与云之间、云与地之间或者云体内各部分之间的强烈放电现象。电磁学原理告诉我们，两个磁极不同的物体之间存在电流。暴风云（积雨云）本身也产生电荷，底层为阴电，顶层为阳电，而且还在地面产生阳电荷，如影随形地跟着云移动。正电荷和负电荷彼此相吸，但空气却不是良好的传导体。正电荷奔向树木、山丘、高大建筑物的顶端甚至人体之上，企图和带有负电的云层相遇；负电荷枝状的触角则向下伸展，越向下伸越接近地面。最后正负电荷终于突破空气的阻碍而相遇，巨大的电流沿着一条传导气道从地面一直向云涌去，产生出明亮夺目的闪光。

那么，闪电的攻击对象是谁呢？主要是那些又高又尖的物体或者高大的建筑物，因为电荷在从云到地的过程中首先遇到的是它们。因此，在宽阔平坦的海滩上，站立的人和直立的阳伞会成为闪电最先攻击的对象。如果在海上那就更麻烦了，因为含盐量高的海水是非常好的传导体，就算闪电没有直接击中我们，它放出的电也有可能通过海水的传导击中我们的身体。

第二十二章 海滩上的垃圾

人类活动制造垃圾，在海滩上也不例外。我们留下的废弃物，从汉堡的包装纸、矿泉水瓶到塑料袋等，会让原本美丽的海滩面目全非。或许你还没有意识到，这些垃圾对于海洋生物来说是致命的。

垃圾无处不在

玻璃、塑料、织物、陶瓷、金属……这些人造物，本不该出现在海边。它们会被大规模的海水或暴风雨带来的降水席卷而走。大风、波浪或海潮会我们把吃剩留在岸边的食物，全都裹挟进海里。在洋流丰富的海域，我们根本无法预知这些垃圾究竟会被带到哪里。还记得之前我们提到的 1992 年发生的“小黄鸭舰队”的故事吗？它们被洋流带到了全世界。

海洋循环系统会将垃圾带到世界各地。一个从加拿大入海的塑料瓶很有可能会在苏格兰附近海域被找到，或者在它的“全球航行之旅”中漂到大洋中的某个小岛上。其中最有名的（同时也是规模最大的）垃圾聚集区在北大西洋海域，那里地处无风带，洋流运动不明显，造成数百万吨的垃圾不断聚集。

人类活动制造的垃圾无处不在。浮在海面上的垃圾会顺着海流漂上漂下，或沉入海底，或停留在水下任意深度。据不完全估算，人类每天向海洋倾倒的垃圾达70亿吨，而这些垃圾将长时间地留在海洋中。举几个简单的例子：一张纸巾需要3个月时间才能降解，塑料膜和烟蒂需要5年，一张报纸需要1年，口香糖至少也要5年。那易拉罐呢？恐怕需要几百年！在某些地区，塑料在全部垃圾中占的比例高达90% ~ 95%，要想完全降解至少需要1000年。玻璃需要的时间要更长，无法预计。

除了人类制造的垃圾，海洋中还有大量的生物垃圾。一个苹果核的降解需要6个月，香蕉皮则需要两年。粪便垃圾因为会传播疾病，其危害就更不用说了。

垃圾的代价

海洋中的垃圾会让海洋生物付出沉重的代价。水下生物会因垃圾的缠绕，活动受限，有窒息的危险。对它们而言，人类常用的6个一提的易拉罐塑料包装或者废弃的捕鱼网都是非常危险的。

塑料袋看上去像是水母，有可能被海龟误认为是猎物。小塑料珠看起来像鱼卵，会被水鸟误食。这种情况发生后，摄入生物体的垃圾会阻塞肠道，留在胃中，造成生物体饱腹感的假象。如果生物体误食了玻璃或金属垃圾，有可能会被扎破并造成感染。此外，垃圾还会给海床生态造成带来影响。想想看，一张渔网废弃后，会在洋流的推动下网罗一切。

海洋垃圾不仅危害着海洋生物和食物链，同样也会给社会经济生活带来沉重的压力。一片布满垃圾的海域会毁掉当地的旅游业；水面上的漂浮物会增加船只航行的风险；清理垃圾则需要大量的人力和物力。为此，意大利环保机构组织“海滩与海底清洁”活动，发动各方力量清理海洋垃圾，以求能将一片洁净的海洋还给所有人。

卷起袖子清理垃圾固然值得赞赏，但从源头上解决问题才是重中之重。每个人都要从自己做起。下一次去海边游玩时，请记得不要留下任何痕迹。如果你还能将垃圾分类投放在专门的垃圾桶中，你的行为就是无可指摘的啦！

塑料的耐久性为什么这么好

我们的生活被塑料包围。只要向四周望一望，你就会发现塑料对我们的生活有多重要。塑料是人类的一项天才发明，但却有一个致命的弱点：降解至少需要1000年。这是为什么呢？

首先，让我们先来看看塑料的成分：塑料大部分是从石油等化石原料里提炼出来的，是以单体为原料，通过加聚或缩聚反应聚合而成的高分子化合物。根据使用单体种类的不同，化学家可以获得不同种类不同特性的塑料制品。其中最常见的是聚对苯二甲酸乙二醇酯（PET），俗称聚酯，是塑料瓶的主要原料。这是一种热塑性材料，受热后可以重新塑形，因此可以被循环再利用。其他种类的塑料则属于热固性塑料，一旦成形后，即使加热也不能再次热熔或软化。

塑料之所以耐久性好是源于其自身的结构。大部分塑料都是自身化学性能非常稳定的惰性材料，不易和其他物质发生化学反应。这也是为什么家中的一些危险物质如盐酸等都会保存在塑料瓶中的原因。然而，当我们将塑料丢弃在大自然中时，它的优点就会转化为缺点，因为它实在是太难消化和处理了。

致　谢

回望这本书的创作过程，让我不由得想起那一次次在海滩上的漫步和思考。不过，我真正要感谢的是我的父母——保罗·真蒂莱和瓦莱里娅·特洛伊，是他们的培养和熏陶让我对科学充满好奇心和求知欲。

还要感谢我的朋友吉安卢卡·梅兰德里。他当年曾和我一起在希腊海边度假，听我讲了好多科学小故事，于是建议我以《海滩上的科学》为题写一本书。因为有了他的鼓励，才有了今天的这本书。

作为这一出版项目的支持者，大卫·科埃罗·波尔加的建议和鞭策一直是我创作的动力。在他的努力下，艾玛努埃拉·比安奇、朱丽娅·洛科、罗贝塔·阿莱桑德罗尼、阿利切·帕切和阿德里安·奥斯特里奇等多位科学家和传播学者对全书进行了多次校对，特别是对某些神秘的科学现象的解释作了进一步更清晰的说明。有你们在身边，是对我最大的支持。

我要衷心感谢“连线意大利”环境组织的整个团队对这本书的大力支持，特别是马西莫·卢索和费德里科·费拉扎。你们近年来在环境领域所做的努力，值得我们所有人尊敬。

我还要感谢科蒂切出版社的朋友们，尤其是斯特法诺·米兰诺、恩里克·卡萨德伊、乔万娜·博瓦和阿莱桑德罗·达民。

最后，感谢维多利奥·波印刷公司让这本书最终得以呈现在读者面前。